保江邦夫

合気の秘訣

物理学者による
目から鱗の技法解明

海鳴社

目次

第四講　秘伝合気と精神物理学……122

合気の秘訣

まえがき　―研究成果公開の言い訳―

大学では天文学を専攻しておきながら、大学院からは理論物理学に転向することにした僕は、運良く理論物理学のメッカと唱われていた京都大学で研究生活をスタートすることができた。とはいえ、同期の大学院生達や先輩方がやっていた、つまりは物理学界で主流となっている誰もが注目していた研究テーマなどにはどうしても興味が持てない。指導教官と大喧嘩をしてまで自分の好きな研究を模索してみた結果、僕がたどり着いたのは日本人で初めてノーベル賞に輝いた湯川秀樹博士が提唱されていた「素領域理論」だった。

既に湯川先生が京都大学を退官され、さらには病気療養中だったため大学にはほとんど出られなくなっていたこともあり、当時は誰も素領域理論など研究していなかった。そんなわけで、よほどの変人か大馬鹿者のレッテルを貼られることになったのだが、僕自身は何故かこの素領域理論にはまり込んでしまう。幸いにも、空間や時間の微細構造としての素領域を仮定することで、素粒子の運動が古典力学ではなく量子力学によって記述されるようになるという明らかな実験事実を純粋理論的に導き出すことができたため、それを大学院の修士論文として提出した。

その論文は湯川先生が創刊された日本で唯一の理論物理学専門の欧文学術雑誌 *Progress of Theoretical Physics* に掲載されたのだが（vol. 57, pp.318-328, 1977）、他に誰も興味を抱くテーマでなかったこともあり、学界での反応は決してはかばかしいものにはならなかった。ただ、湯川先生だけは久しぶりに若手の物理学者が素領域理論を真剣に取り上げたということで喜んで下さり、先生のノーベル賞受賞を記念して京都大学に設置された基礎物理学研究所に、二度にわたり呼んで下さった。

湯川先生の前で修士論文の内容を親しく講義させていただいたのだが、残念ながら先生はその後僕が研究場所をスイスのジュネーブ大学に移していた間に他界されてしまう。病室では素領域理論についての僕の二本目の論文に目をとおして下さっていたと聞くが、その後は僕自身も他の理論に研究の重心を移していったため、もう四十年近く省みたこともなかった。

それが、二〇一四年八月一日の朝、目覚めた瞬間に突然蘇ってきたのだ。そう、本当に突然に。

しかも、その理由は素粒子論などの理論物理学研究に関連してではなく、この僕が物理学研究の傍らで細々と続けてきた武道奥義「合気」の原理についての本質的な理解に素領域理論が不可欠となることを閃いてしまったのだ。

振り返ってみれば、京大の大学院に入ったばかりの頃に周囲の反対や指導教官の強い抵抗に遭ってまでも、いったい何故に湯川秀樹博士の素領域理論の研究に邁進していくことになったのか、僕自身まったく不明だった。何か憑き物に憑かれていたとしか表現できそうもないのだが、周囲の連中からは落ちこぼれのくせに意地を張っているとしか見られていなかったに違いない。

では、その後の僕の物理学者人生の中でこの時期に打ち込んでいた素領域理論についての研究が何らかの役に立ったのかというと、自分でいうのも情けないが本当にまったく何の役にも立たなかったというのが真実。だからこそ、僕の頭の中にずっと居座り続けてきたのだ、いったい何のためにあの最も多感な青春の時代に素領域理論に打ち込んでいたのかという大きな疑問が。

それが、四十年の月日を経てようやく解けていった、いや瓦解していったのだ。そう、すべては四十年後の僕が長年にわたって興味を抱いてきた日本武道の奥義である合気の原理についての本質的理解に至るための、必要欠くべからざる基礎物理理論としての役割を果たすためだった!

これが、神意なのだ。

僕自身、実はついこの前まで、合気の本質は物理学の適用限界を超えた形而上学においてのみ理解できると考えていた。つまり霊魂の働きが本質的役割を果たす現象として合気を捉えるのだが、これは「神伝合気」と呼ぶにふさわしいものだ。もちろん、そのような本質的なところまでいかず、初等力学や構造力学あるいは身体運動生理学さらには精神物理学の枠組の中に原理を見出すことができる程度の範囲に合気現象を限定することにも興味を持っていたし、その解明にも人一倍注力してきたつもりだ。これらはそれぞれ「初伝合気」、「中伝合気」、「奥伝合気」及び「秘伝合気」と呼ばれることとなるが、もちろん物理学者としての学識が活かせる研究範囲はここまでで、その向こうに位置する「神伝合気」の研究にまでも理論物理学の枠組が役立つなどとは夢想だにしなかった。

それが、大哲学者カントが『純粋理性批判』の執筆に取りかかった齢六十を僕も既に上回った今この時期に、まさに青天の霹靂の如く忽然とすべてを理解したのだ。しかも三百パーセントの確信などという言葉ではとうてい言い表せないほどの絶対的確信と共に！　ギリシャ時代であったなら「ユーレカ！」と叫びながら走り回ったところかもしれない。

こうして、まさに神の恩寵によって真理の世界を一瞬にして垣間見ることができた僕は、初伝合気、中伝合気、奥伝合気、秘伝合気そして神伝合気のすべてのレベルで合気の現象を物理学理論によって定義し分析し解明することができることに気づくことができた。そう、日本武道の秘奥に位置づけられ、長い間ほんの数人の伝説的達人のみが操ることのできた神秘の合気技法の眞随を、少なくとも理論物理学が与えてくれる科学的理解の範疇に落とし込んでくることができる！

この僕が五十年近い月日をかけて延々と研究し続けてきた中で、恩師や先輩から直接教わった幾つかのレベルでの合気の原理というようなものも、わずかではあるが存在する。これらについては個人的に秘匿の義務を背負っていると信じるため、その内容を公表することはできない。だが、それ以外の多くについては僕自身が見出したり解明したものであり、それを広く一般に公開することについて何ら問題はないはず。

ならばこそ、物理学における理論的枠組の中で合気の本質を完全解明する本書を今このときに世に問うべきではないだろうか。『純粋理性批判』を書き上げたカントがその後に他界したことを考えれば、悠長に構えている余裕は僕には残っていないはずなのだから。

むろん、すべてを広く一般に公開するということについては、それが心ない人々によって何らかの正しくない行動を補強し悪事を成就させる一助となる可能性を軽視することはできない。初伝合気、中伝合気から奥伝合気に至る身体操法、さらには秘伝合気における精神技法であれば確かに心ない人間でも修得はできよう。そのため、本書においてはこれらのレベルの合気の原理の記述においては、要所要所に正しくない浅い理解へと導くための落とし穴を配置してあるが、心正しい読者であればそれを容易に見つけることができるように工夫してあるのはいうまでもない。それに加え、他のレベルの合気の効果を完全に無力化することができる神伝合気については、清く明るい心の持ち主でなければそれを真に操ることはできないため、どのレベルの合気であっても悪用を封じ込めることができる。そういった安全上の担保があるからこそ、今回その詳細の公開に踏み切ったのも事実。

さあ、伝説の達人だけが成し得た神秘の武道奥義「合気」の原理を学び、間違った身体運動技法が蔓延してしまった現代的スポーツ武道の迷宮から一刻も早く抜け出そうではないか。一人でも多くの武道家が共に歩み始めてくれることを強く願ってやまない。

二〇一五年七月吉日

第一講　初伝合気と初等力学

初伝合気とは自分自身の身体運動を物質としての肉体の物理的運動としてのみ捉える枠組の中で、特に初等力学の範囲で極めて効果的に相手に力を作用させて崩すことができる身体操法の術理に他ならない。

一　運動学と力学

自分自身が行う様々な身体運動を物体である肉体の物理的運動としてのみ初等力学の枠組で論じるために必要なものは、身体を単に一つの塊と見る（「固体視」あるいは「一体視」という）ことではなく、また複数の塊がバネやヒモでつながった多要素系と見る（「鎖体視」という）ことでもなく、液体のように流動的なものと見る（「液体視」という）ことでもない。

必要なものは唯一、ロボットやビルなどの鉄骨構造体として見る観点であり、これを「剛体視」と呼ぶ。

二　合気柔術という剛術

柔道の前身である古流柔術技法の多くは「柔《やわら》」と呼ばれていたにもかかわらず、その本質はむしろ「剛術」と呼ぶべきものだった。講道館柔道を興した嘉納治五郎の言葉「柔よく剛を制す」は広く知られているが、それを文字どおり単純に自分の身体を柔らかく使うと捉えることは間違いとなる。実際のところ、古流柔術の達人が遺した禁句の中には「敵と接する部分を柔らかくしていてはだめ」というものすらあったと聞く。

さらには、合気道の開祖植芝盛平翁の直弟子だった数人の合気道師範にそれぞれ教えていただいたことがあるが、開祖の腕はいつもはまるで若い女性の腕のように柔らかいのに、技になったとたんに鋼鉄のように固くなっていたという。相手に接していないときや技

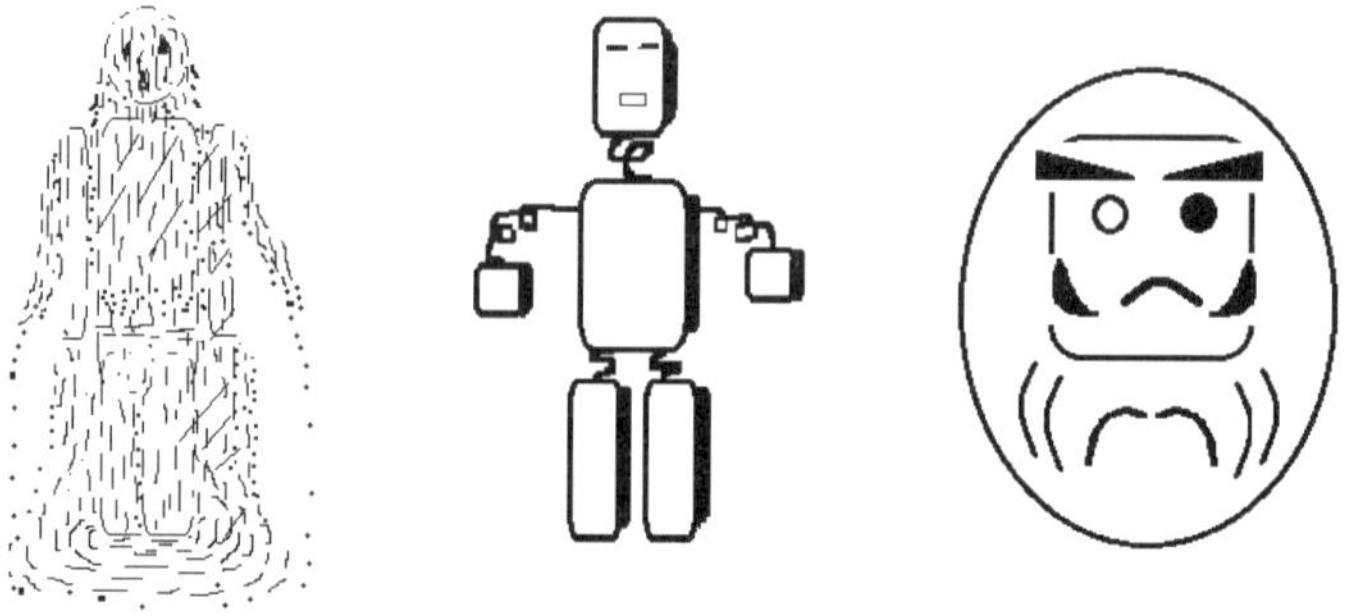

c　液体視　　　b　鎖体視　　　a　固体視

図1

を繰り出す前には身体各部を柔らかくして自在に動けるようにしておくのだが、いざ相手の身体にこちらの身体の一部が触れて技をかける段になると必要最小限の部位だけは最大限に固めておかないといけないわけだ。

このような古流柔術や合気道の伝説の達人の教えはまた、現代の競技スポーツにおけるトップクラスの選手達が実践している身体操法とも合致する。例えばテニスにおいてはラケットは常に楽に持って振っているのだが、ガットがテニスボールに当たるインパクトの瞬間にだけはラケットのグリップを全力で強く握り締め、さらにはラケットを持つ腕だけでなく腰から上の上体にあるすべての筋肉を固めることで、テニスボールを最大速度で狙った方向に正確に打ち返すことができる（写真1）。

もちろん、野球の打者がバットでボールを打ち返すときにも同じことがいえ、柔らかく持ってフルス

写真1　テニスにおけるラケットのグリップ（© 共同通信／アマナイメージズ）

図2　剛体視

イングしたバットがボールを捉える瞬間にグリップを強く固め、上体から腕先に至る筋肉を瞬間的に固く緊張させることでホームラン級の打球が生まれるという（写真２）。

ラケットやバットなどの道具ではなく身体の一部でボールを弾くスポーツであるサッカーにおいても、一流の選手達はサッカーボールを蹴る直前までは足のバネを活かせるようにしなやかに足を動かしているが、足の甲にサッカーボールが当たる瞬間には股関節より先の足のすべての筋肉を最大限に固めている。そうすることで、サッカーボールを狙った方向に正確に高速で飛ばすことができる。つまり、ボールに当たる足を野球のバットやテニスのラケットのように一本の硬い道具のようにしてサッカーボールを蹴っていることになる（写真３）。蹴り足を柔らかくしなやかにしたままサッカーボールを蹴ってみたところで、ボールを勢いよく弾くこともできないし、どこに飛んでいくかも

写真３　サッカーのボールキック

写真２　野球のバットスイング

わからないくらいにブレてしまう。

もちろんこのような競技スポーツの場面だけでなく、日本の伝統的な芸術や武術においても同様の身体操法が重要となるものも少なくない。大きな和太鼓を両手に握った二本のバチで叩き続けるときも、両手首を柔らかくしなやかにして両腕の筋力でバチを振っていたのでは響き渡るほどの大きな音は出せないし、短時間で両腕の筋肉が疲労して動かなくなってしまう。ところが、上手な和太鼓奏者は両腕の筋肉をバチを固く握ったまま両腕自体を固めることにのみ使い、その硬く固めた両腕とバチを肩関節を中心にして鋼鉄製のアームであるかのように振り回す（写真4）。

このとき腰から下の下半身をしなやかに動かし、その慣性力で固めた両腕が振り回されるようにするので、長時間勢いよく太鼓を打つことができる。

さらには伝統的な日本刀で何らかの物体を試し斬りする場合においても、日本刀を持つ手首が特に柔らかくしなやかな

写真5　日本刀の試し斬り

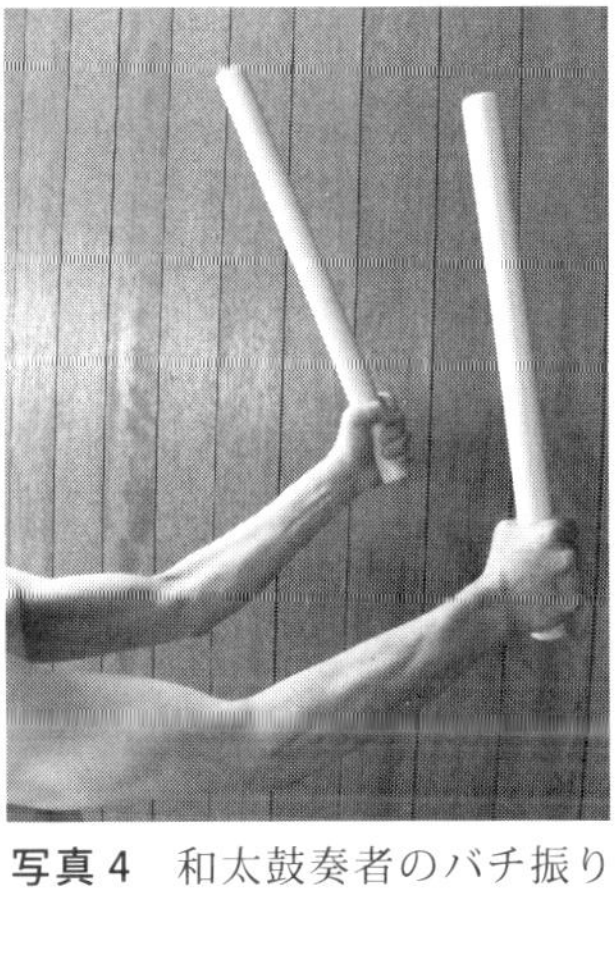
写真4　和太鼓奏者のバチ振り

ままで刃先が物体に当たったのでは、刃こぼれを起こすだけで斬ることはできない。一刀両断に斬るためには、手首と肘を含めて日本刀を持つ両腕を最大限に固めておかなくてはならない（写真5）。鋭い刃先を高速回転させるエンジン付の草刈り機で雑草を刈る場合でも、刃先を支えるアームが緩んだりしていては雑草を切ることができないのと同じだ。

三　理想的剛体と粘弾性最適制御

初伝合気を操るための身体操法の要点をまとめると、

・腕の力は腕の筋肉を固めることに１００％用いる
・足の力も足の筋肉を固めることに１００％用いる
・腕や足を動かすのは重心移動や腰の動きによる慣性力を使う

という三点に集約されることになるが、このような状態の身体を理想的剛体（初伝合気の体）という。理想的剛体の動きの特性は、物理学の観点からは身体各部位の粘弾性を相手の身体との接触の有無に応じて最適制御することにある。即ち、相手の身体と接触するタイミングでは必要となる身体部位は弾性を持った剛体とするのだが、相手の身体と接触しない間は身体を柔らかくして自由度を大きく保ちつつ体勢を維持することができる粘性流体とするのだ。

四　初伝合気とロボット化

理想的剛体をロボットの身体構造と譬えれば、ロボットの金属製の身体各部位が持つ弾性と関節可動部における粘性の組み合わせによって生まれる粘弾性を最適に制御することで初伝合気の技法を発揮することができる。この意味で初伝合気とは「(自分自身の)ロボット化」に他ならない。この事実を利用するならば、例えば文字どおりロボットの動きをまねることで初伝合気を発動させることが考えられるが、このとき「カシー

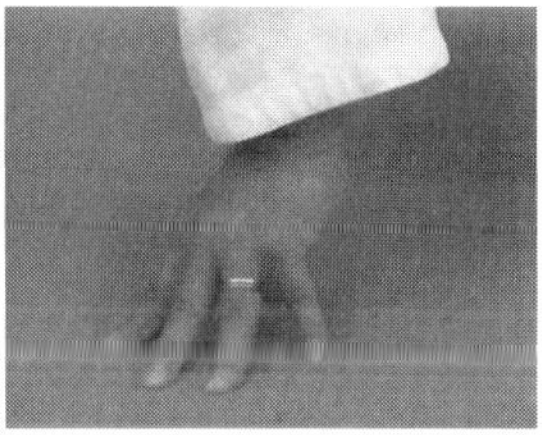

写真 6a　指立て伏せ

ン」とか「シャキーン」というオノマトペ（擬音語や擬態語を表すフランス語からきた外来語）を用いるとより効果的となる。ただし、オノマトペそのものは神伝合気の効果を誘発させるので、その使用には細心の注意を要するが、これについては第五講において触れることにする。

指と腕を剛体化させてロボット化を楽にできるようにするためには「指立て伏せ」や「ハンマー打ち」がよいトレーニングとなる（写真6）。

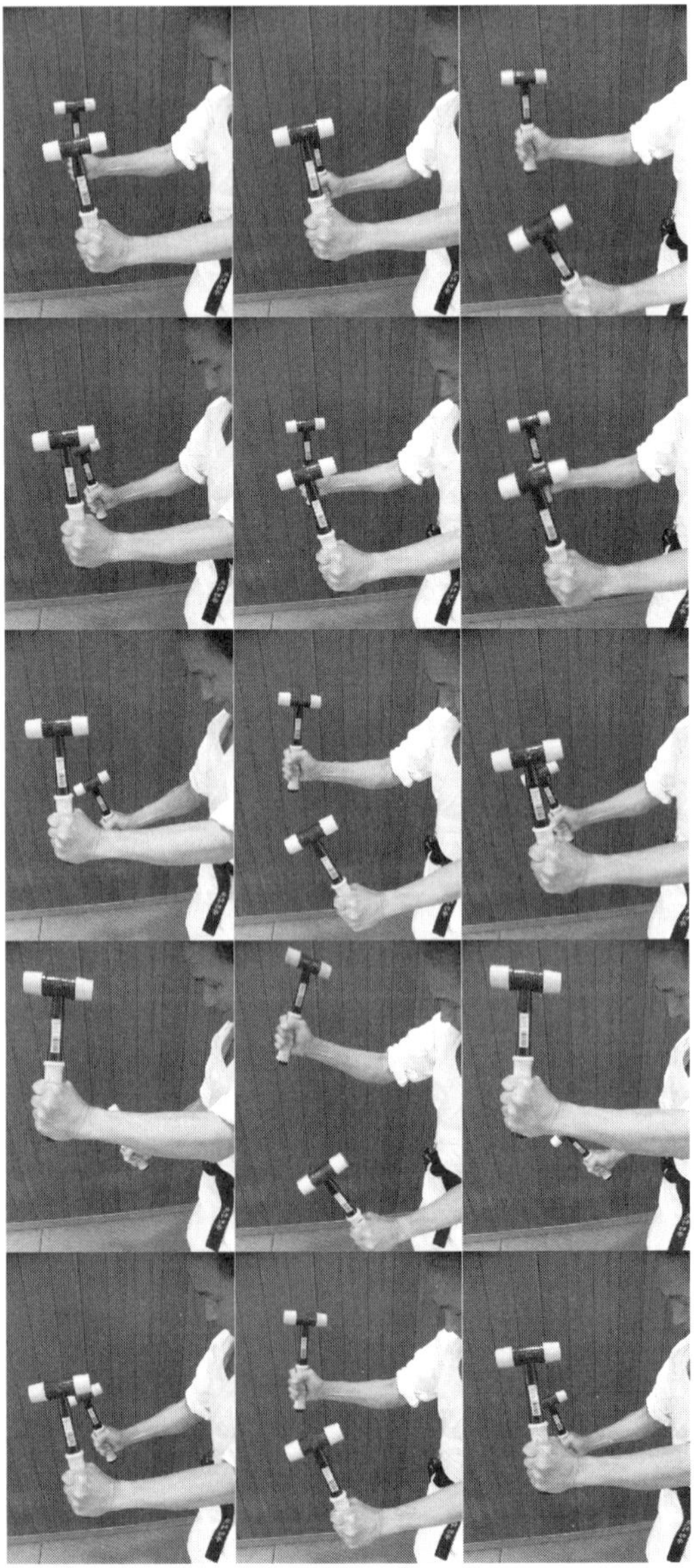

写真 6b　ハンマー打ち

五　初伝合気による各種技法例

その一　合気上げ

正座しているとき、正座、起座、あるいは膝を床について腰を浮かせるような体勢の相手が両手でこちらの両手首を押さえ込んできたとき、こちらの腕、肩、背中の筋肉を最大限に固めて足腰を上げることで相手の身体を持ち上げて立たせてしまう「合気上げ」が可能になる（写真７）。感覚

写真７　合気上げ

としては、馬が両前足を高く上げて両後ろ足で立ち上がり嘶くような動きになる。

その二　突き倒し

相手が両足を前後に開いた半身の姿勢で腰をドッシリと落として立ち、両腕を胸の前に突き出して両方の掌を重ねて固める。これに対して、こちらは肘から先の右腕を最大限に固め、腰のひねりと重心移動と肩の力で肘から先の右腕を一本の理想的剛体として相手の掌にぶつける。こうすることで、盤石な体勢で構えている相手の身体を片腕で突き倒すことができる（写真8）。

写真8　突き倒し

相手が日頃からフルコンタクト空手で鍛え上げている場合には、両腕を前に突き出して構えてもらう必要はなく、筋肉の鎧を纏った打たれ強い胸を直接に突かしてもらえばよい（写真9）。

片腕による突きだけでなく片足による蹴りの場合も同じで、安定に立っている相手の身体を蹴り倒すためには、股関節から下の蹴り足の筋肉を最大限に固めて腰の力と重心移動の慣性力で腰から下の蹴り足を一本の理想的剛体でできた振子として振って、相手の身体に打ちつける（写真10）。

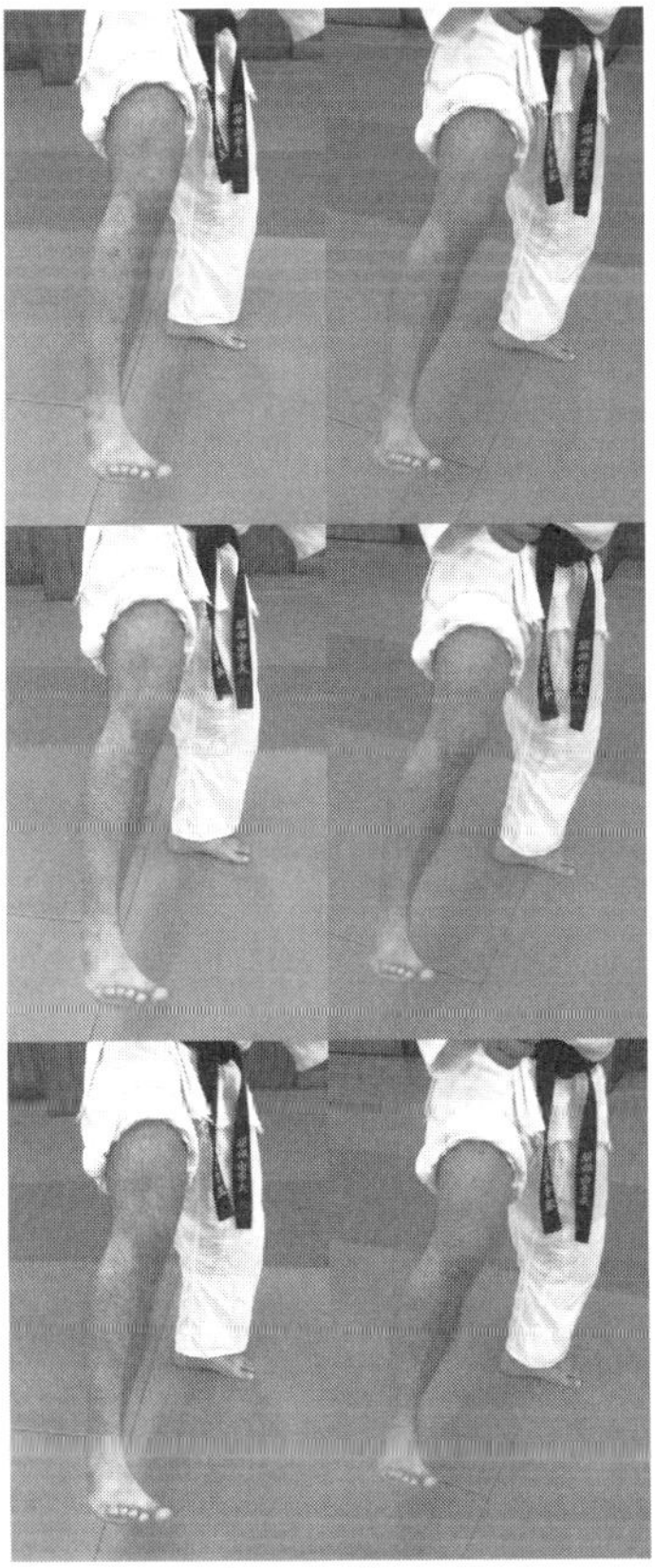
写真10　蹴り足

写真9　胸突き倒し

特に相手の足を蹴る下段蹴り（ローキック）の場合にこちらの蹴り足を固めることで、相手の身体を上下ひっくり返すように蹴り倒すことも可能になる（写真11）。

写真 11　ローキック

写真 12　合気拳法の蹴り

また、古流武術に伝わる「合気拳法」の突きや蹴りでは、肘から先の腕と膝から下の足をそれぞれ最大限に固め、肘と膝をすばやく動かして固められた腕先と足先を相手の身体に打ちつけることで、相手を崩してしまう。特に蹴りの場合は相手の膝から下の部分のみを狙うことで、極めて効果的な技法となる（写真12）。

その三　一ヶ条から四ヶ条まで

古流柔術に伝わる一ヶ条から四ヶ条までの極め技（合気道では一教から四教と呼ばれる）（写真13〜16）においては肩関節、肘関節、手首関節、指関節のすべてを完全に固定するために筋肉を全力で使うことを心がけなくてはならない。これによって「肩—肘—手首—指」が鋼鉄のレンチやスパナとしての役割を果たせるようになる（理想的剛体となる）からだ。理想的剛体としての「肩—腕」を鋼鉄のレンチやスパナのようにしてボルトやナットを掴って動かすとき、腕や手で相手の身体の一部を握ったりつかんだりしては理想的剛体にならないので絶対にしてはならない。腕は固い義手として用いるのが初伝合気の基本なのだから。

武道を離れた日常生活において、例えば貼りついてしまった古いビンのフタを開けるのも、あるいは両手で半分ずつをつかんだリンゴを割るのも同じ術理を用いることができる。

以下に一ヶ条から四ヶ条までの「肩—肘—手首—指」を理想的剛体とする場合における両手の形状を写真13〜16で示しておく。どのときも上半身、特に胸部と背中の筋肉を硬直させ、両腕の相対的な空間配置をも不動のものにしなければならない。

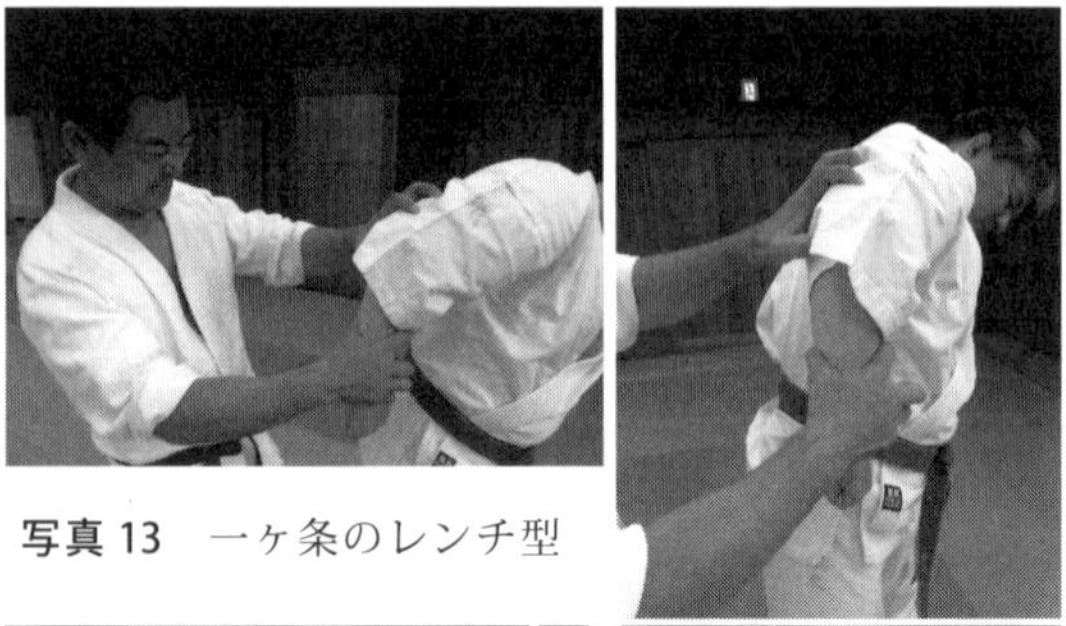

写真 13　一ヶ条のレンチ型

写真 14　二ヶ条のレンチ型

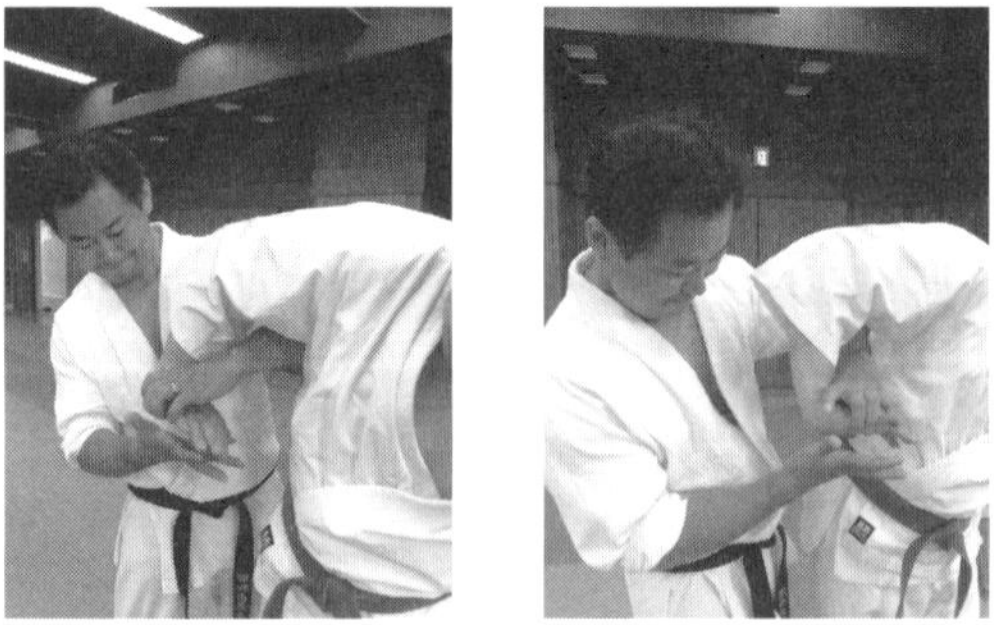

写真 15　三ヶ条のレンチ型

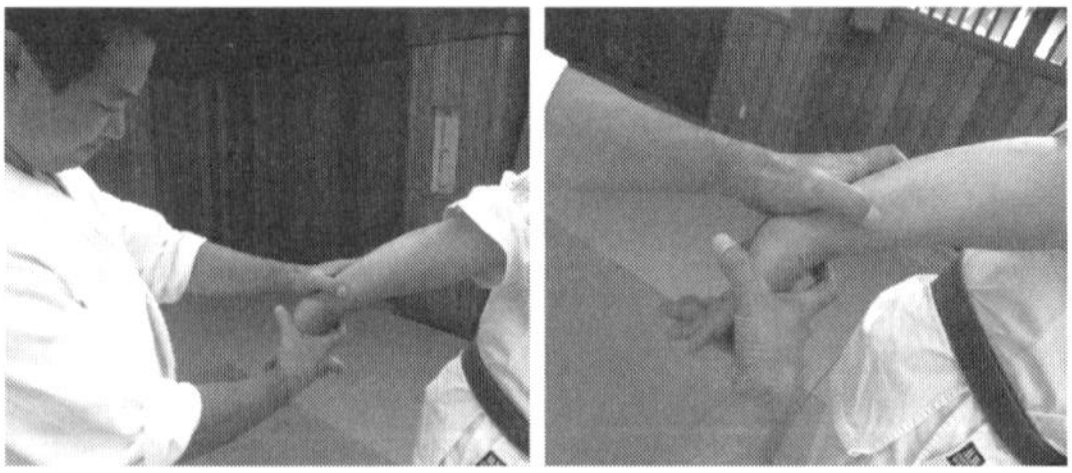

写真 16　四ヶ条のレンチ型

その四　四方投げ

四方投げは両手首から先を理想的剛体として最大限に固め、両手をレンチやスパナとして使うことができるようにしておく。そのようにスパナの形状に固めた手先で相手の手首から先の部分を囲む（絶対に握ったりつかんだりしないこと！）（写真17）。そのままで（つかまないで）四方投げの動きをすれば、相手は簡単に腰から崩れ落ちて倒れる（写真18）。

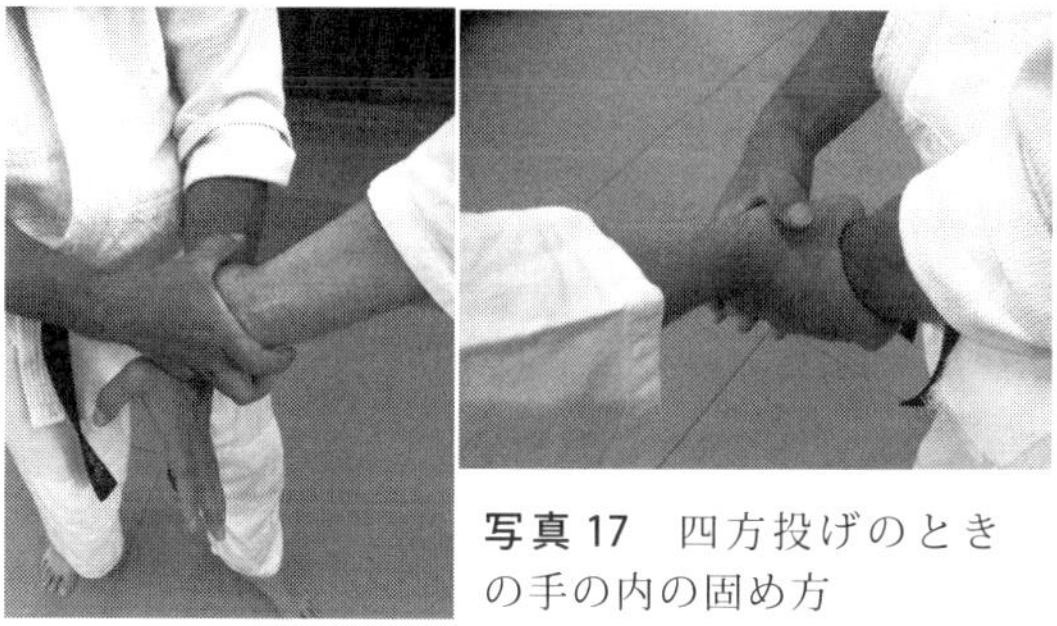

写真 17　四方投げのときの手の内の固め方

写真 18　四方投げ

その五　小手返し

四方投げのときと同じように両手首を剛体として最大限に固め、両手をレンチやスパナとして使う。そのスパナの形状に固めた手先で相手の腕と手首を囲んで（絶対につかまない！）小手返しの動きをすれば相手は腰から崩れる（写真19）。このとき両手首だけでなく、腕、肘、肩、背中もすべて最大限に固め、腰の位置で上体を固めたまま前にかがめるように折り曲げるとロボット化の効果がより大きく働く（写真20）。

写真 19　小手返しのときの手の内の固め方

写真 20　小手返し

その六　天秤投げ

合気道の天秤投げで相手の肘に当てる腕は、肩から指先まで一本の鋼鉄の棒のように終始最大限に固め、バールのような理想的剛体としておく（写真21 a）。少しでもゆるんだら天秤投げは効かない。相手の手首をつかむ手も手首から指先に至るまで最大限に固めてレンチやスパナのようにして相手の手首を囲むようにだけしておく（決して本当につかんではいけない！）（写真21 b）。

こうすることで、天秤投げを初伝合気の技法によって有効に用いることができるようになる（写真22）。

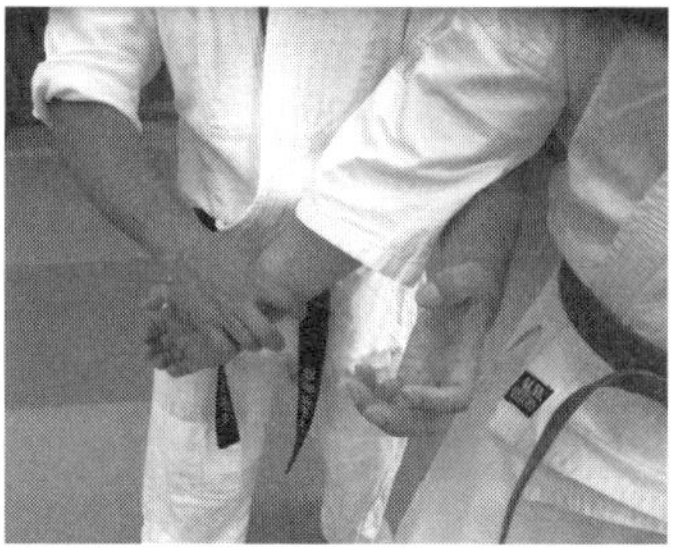

写真 21a　天秤投げのときの肘に当てる腕

写真 21b　天秤投げのときの手首を囲む腕

写真 22　天秤投げ

第二講　中伝合気と構造力学

中伝合気とは、相手と自分自身の身体運動を複合的な理想的剛体の運動と相互作用としてのみ捉える枠組の中で、構造力学の範囲で相手の自由度を奪って崩したり、相手の身体骨格に極めて効果的に力を作用させて崩すことができる身体操法の術理に他ならない。その理解と実践のためには、初等力学の範囲ではあるが、ある程度物理学の理論に基づく思考に慣れておかなくてはならない。古流柔術で合気の達人と呼ばれた歴代の武道家の中には、当時新設された東京物理学校に学んだ人物もいたという。

一　外力と内力

物理学を学んだことのない一般の人間にとって、おそらく最も理解に苦しむのが「内力」と「外力」

という二種類の呼び方で区別される「力」についてであろう。内力と外力についての正しい捉え方を身につけるためには、物体を幾つかの部分から構成される「構造体」として見ることが役に立つ。

幾つかの部分が組み合わさってできた一つの構造体が、その全体の形状を保って安定に一つの物体として運動するとき、全体の形状を保つためにそれぞれの部分の間に働く力のことを「内力」と呼ぶ。また、全体の形状を保って安定に一つの物体として運動する一つの物体が、同様に全体の形状を保って安定に一つの構造体として運動する別の一つの物体に接したり衝突したりするときに、両方の構造体の間に働く力を「外力」と呼ぶ。

初等力学の基本中の基本として知られる性質の中に

「内力の総和は０」

「内力は互いにつり合う」

「内力は仕事をしない」

というものがあるが、このことから中伝合気に関しての以下のような重要な指針が浮き彫りになる。

相手を崩すには相手と自分を連結した構造にしないで、相手という構造体に自分という構造体が外力を及ぼせるようにしなくてはならない！

即ち、相手と自分を連結して一つの構造体にする限り、自分が相手に及ぼしたと思っている力は内力にしかならず仕事をしないため、相手には外力が何も作用せず自己満足に終わることになる。

二　安定という盲信

足腰をしっかりとふんばって安定な土台を作った上で相手と組み合うなり相手を突くことで相手を崩せるという常識は、初等力学の基本を知らなかった武道家達が生み出した盲信であり、真実ではない。実際のところ、足腰をしっかりふんばって立った上に相手の身体とガッチリと組み合ったり、突いて接触したりすると、同じく足腰をしっかりとふんばって立ってかまえている相手の身体と床面を通して連結した一つの構造体となって相手に及ぼす力がすべて内力となって仕事をせず、結果として相手を崩せない。同時に、相手の身体はこちらの身体を支えに使って安定化するため、まったく崩れなくなる（写真23）。

写真23　相手はこちらの身体を支えに使って安定化する

ところが、常識とは逆に足腰をフラフラにして不安定にし、相手の身体と接触する部分を一点に限定すれば相手の身体に外力を及ぼして崩すことができる。同時に相手の身体はこちらの身体を支えに使えないので純粋な二足直立となって簡単に崩れてしまう（写真24）。

写真 24
こちらの足腰をフラフラにすれば相手は不安定になる

フラフラで不安定な足腰で立ったり歩いたりすることが自在にできることが中伝合気の要となるのだが、この境地に到るには長年にわたる相応の鍛錬が必要となるのはいうまでもない。ただし、常時つま先立ちで歩くという「コロンブスのタマゴ」的な技法を用いるならば、足腰をフラフラにして不安定な動きで中伝合気を実現するものと同程度の中伝合気の効果を簡単に生み出すことができる（写真25）。

この驚くべき事実を理解していただくために、

女性が体力と体格で優る男性相手に実際には効かないとされる合気道の投げ技をかける実験を行ってみた。

実験には大学の合気道部に所属していて合気道の動きに慣れた若い小柄な三名の女性に加わってもらい、それぞれが男性相手に「一教」、「四方投げ」、「入り身投げ」、「小手返し」、「呼吸投げ」、「天秤投げ」、「天地投げ」、「隅落とし」という合気道の技をかけるのだが、それぞれの技をまず踵を床につける普通の歩き方で試した後に踵を常に浮かせたつま先立ちの歩き方で再度試してもらい、その効果に差違があるか否かを連続写真で判定するというもの。

写真25　つま先立ちをすれば相手は不安定になる

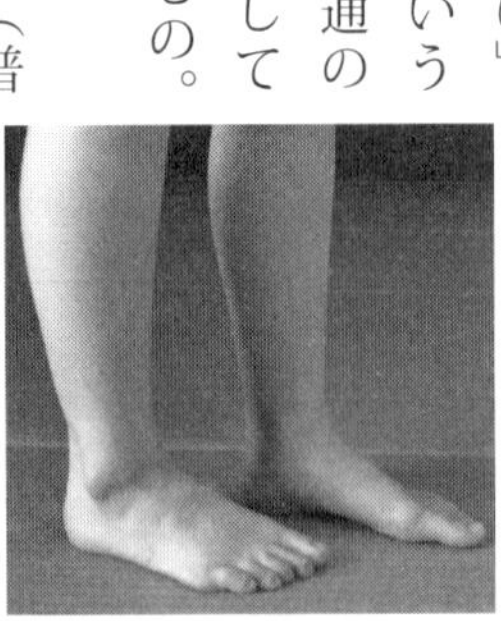

写真26　普通にかかとをつけた状態

これらの連続写真から明らかなように、普通の歩き方をする限り（普通にかかとをつけた写真26の状態）、体力的にも体格的にも優る男性相手に、三人とも合気道のどの技もかけることができなかった（写真26 a～33 c）。

写真 26a　一教

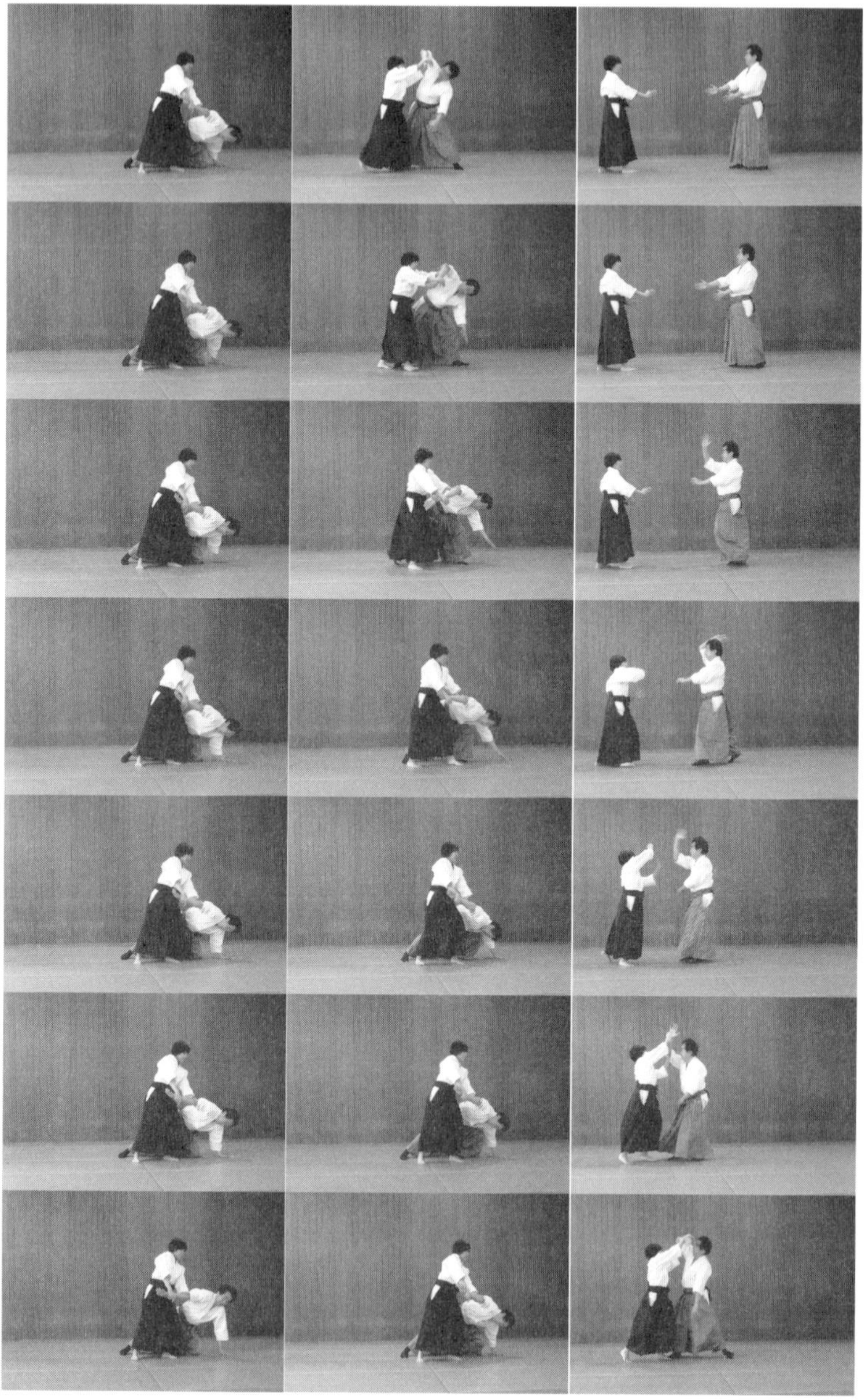

写真 26b　一教

写真 26c　一教

写真 27a　四方投げ

写真 27b　四方投げ

写真 27c　四方投げ

写真 28a　入り身投げ

写真 28b　入り身投げ

写真 28c　入り身投げ

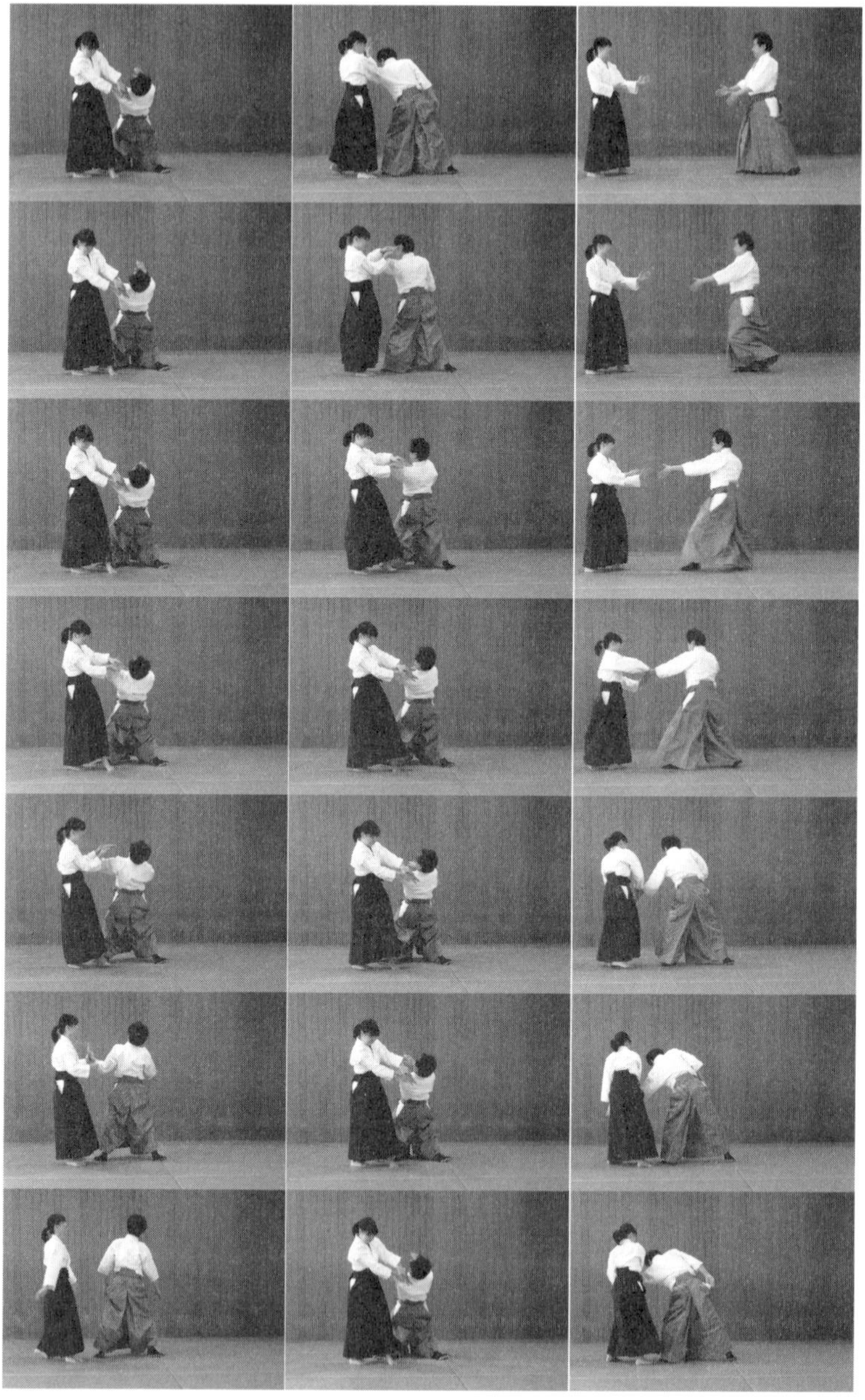

写真 29a　小手返し

写真 29b　小手返し

写真 29c　小手返し

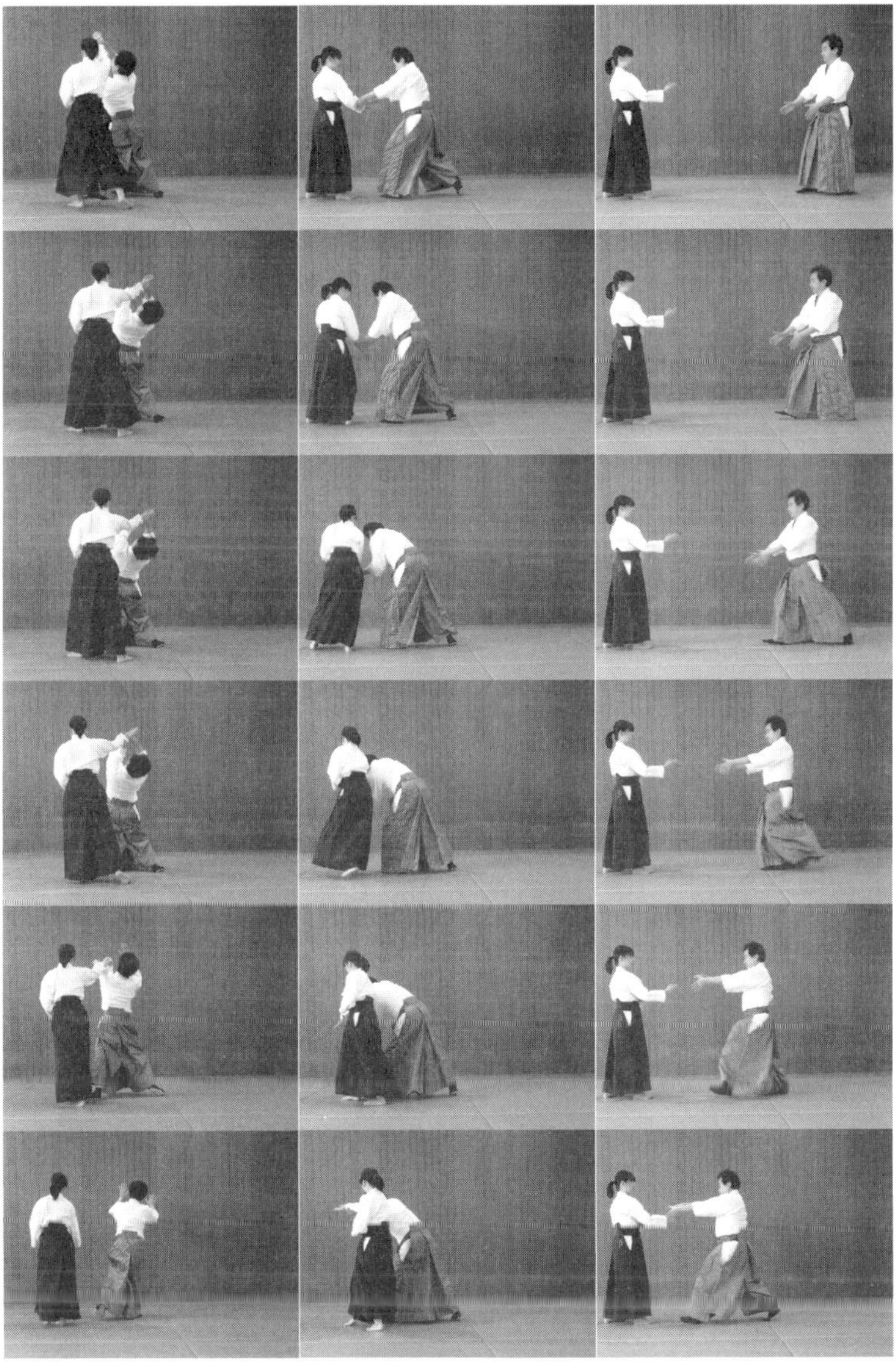

写真 30a　呼吸投げ

写真 30b　呼吸投げ

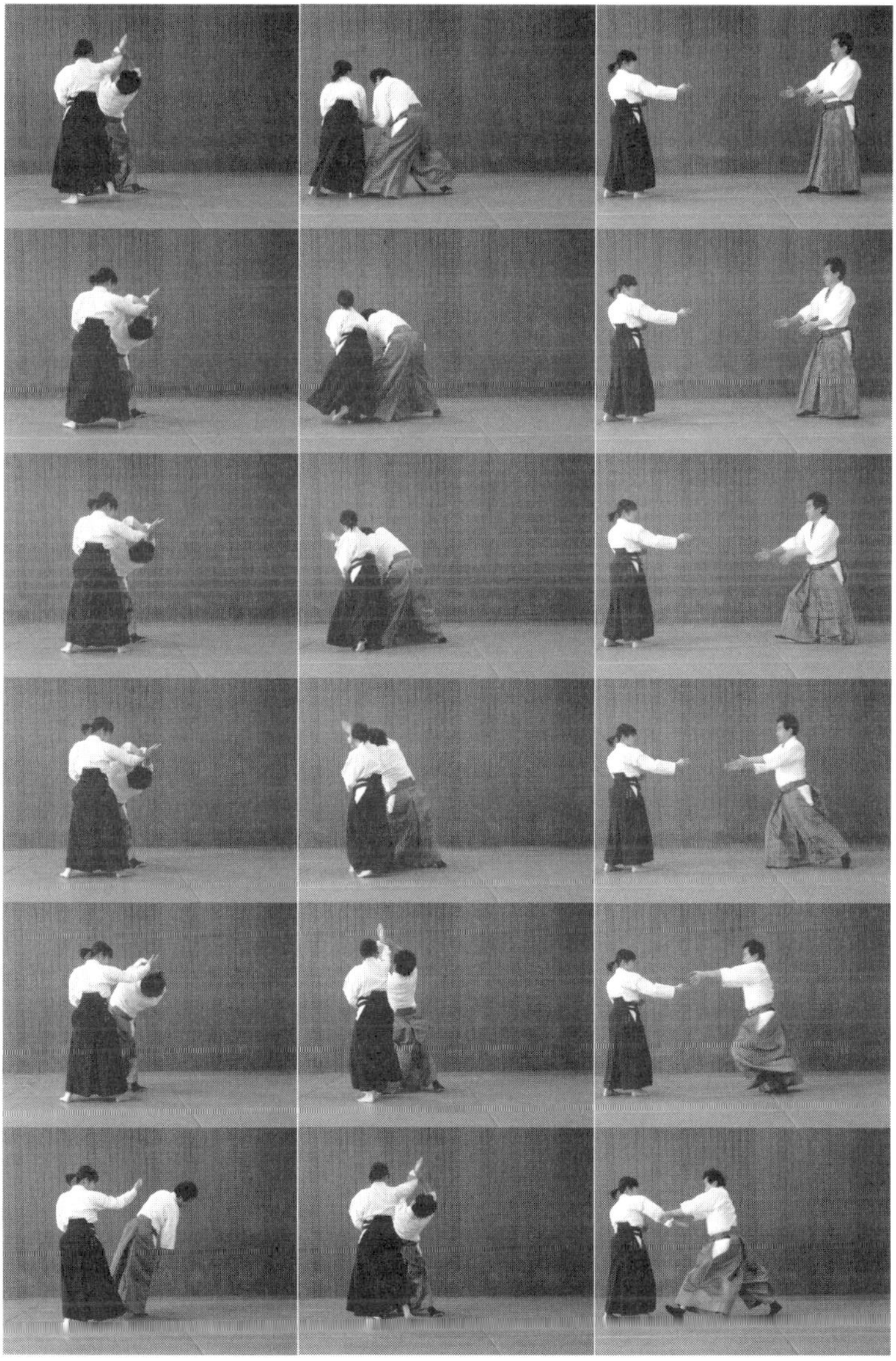

写真 30c　呼吸投げ

写真 31a　天坪投げ

写真 31b　天坪投げ

写真 31c　天坪投げ

写真 32a　天地投げ

写真 32b　天地投げ

写真 32c　天地投げ

写真 33a　隅落とし

写真 33b　隅落とし

写真 33c　隅落とし

ところが、つま先立ちで歩く技法を用いた場合には（写真34）、三人ともがすべての合気道の技を効果的に男性にかけて倒すことができた（写真34 a～41 c）。

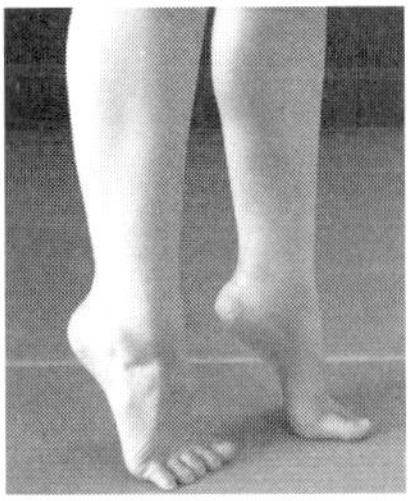

写真 34
つま先立ちの状態

写真 34a　つま先立ち一教

写真 34b　つま先立ち一教

写真 34c　つま先立ち一教

写真 35a　つま先立ち四方投げ

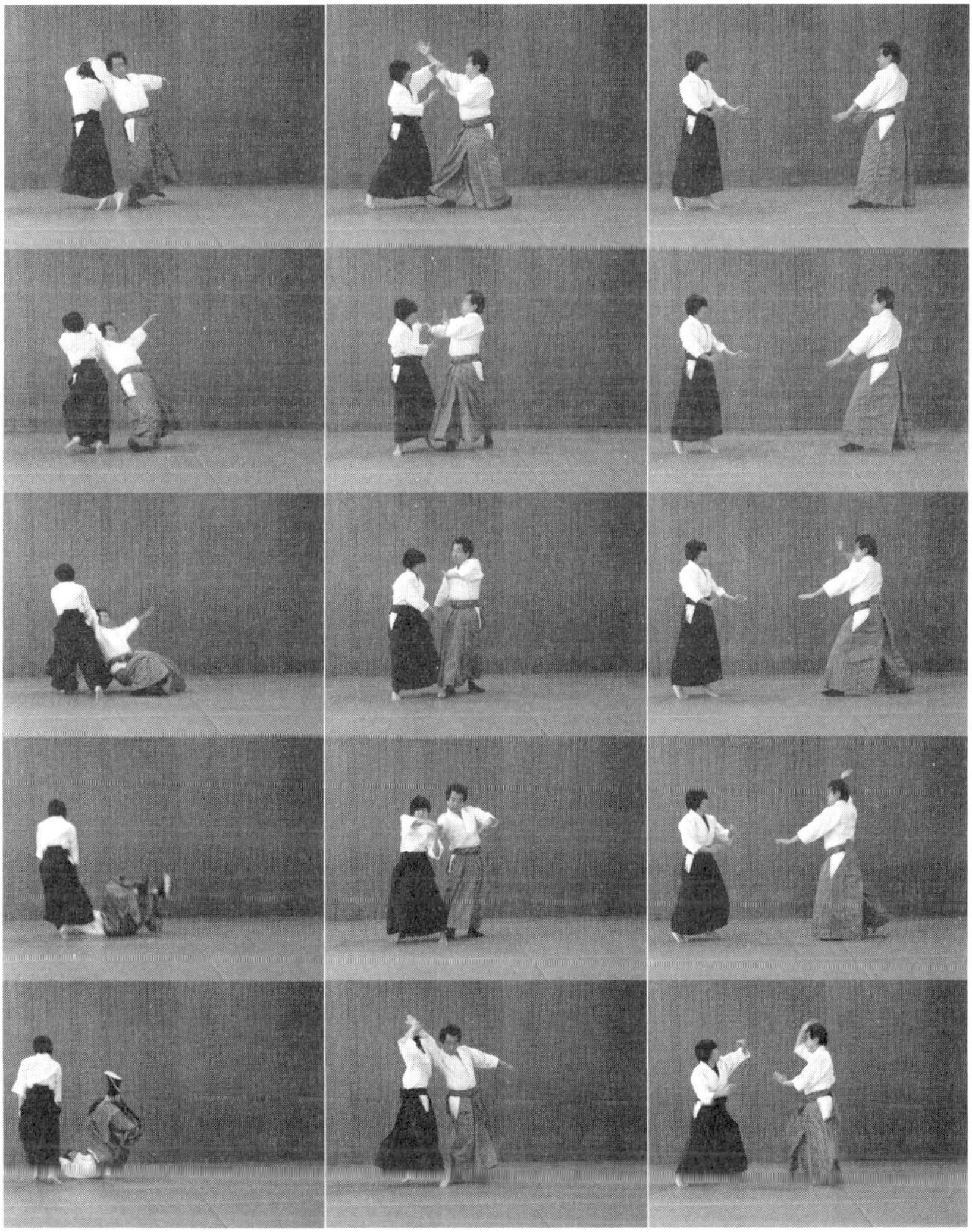

写真 35b　つま先立ち四方投げ

写真 35c　つま先立ち四方投げ

写真 36a　つま先立ち入り身投げ

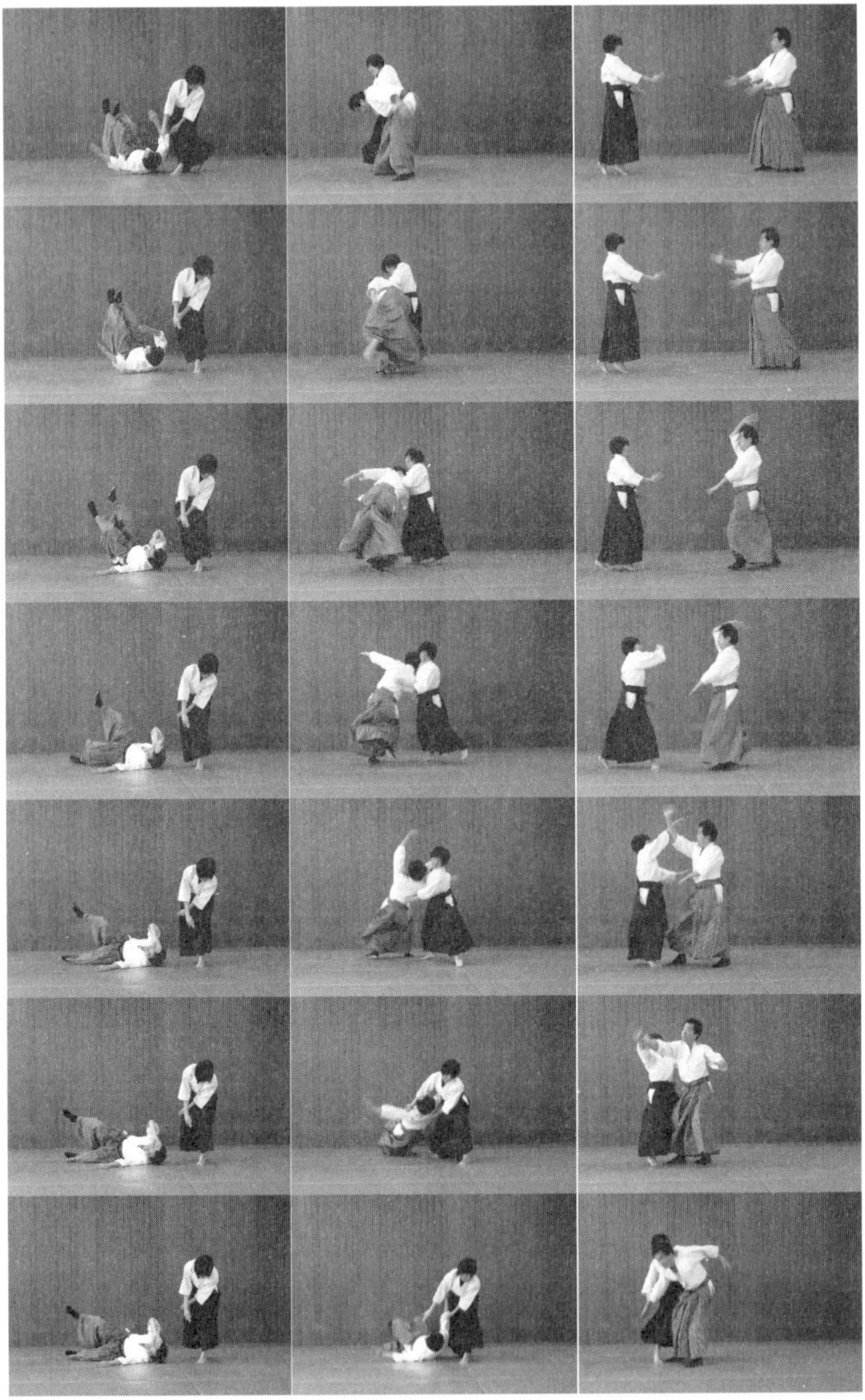

写真 36b　つま先立ち入り身投げ

写真 36c　つま先立ち入り身投げ

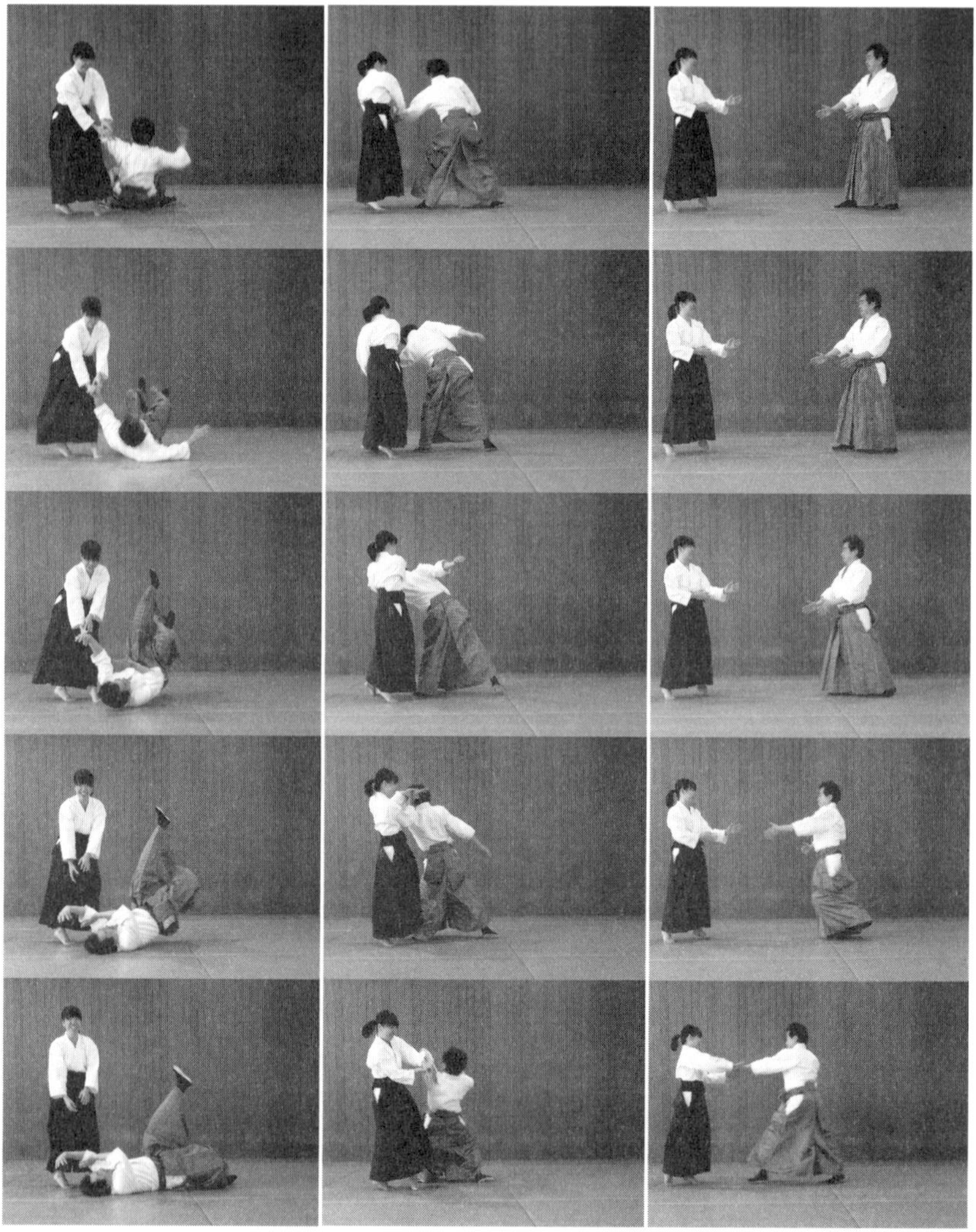

写真 37a　つま先立ち小手返し

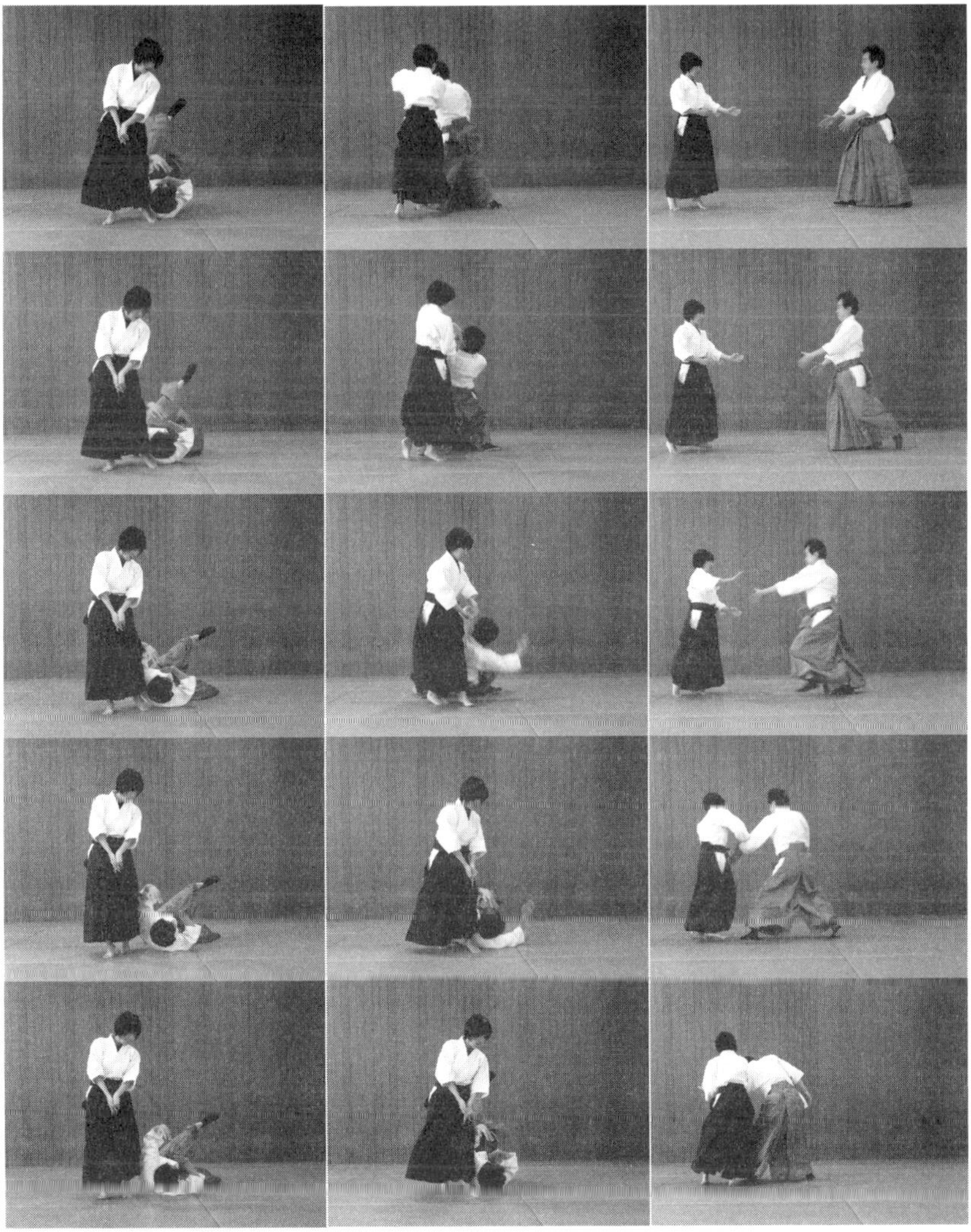

写真 37b　つま先立ち小手返し

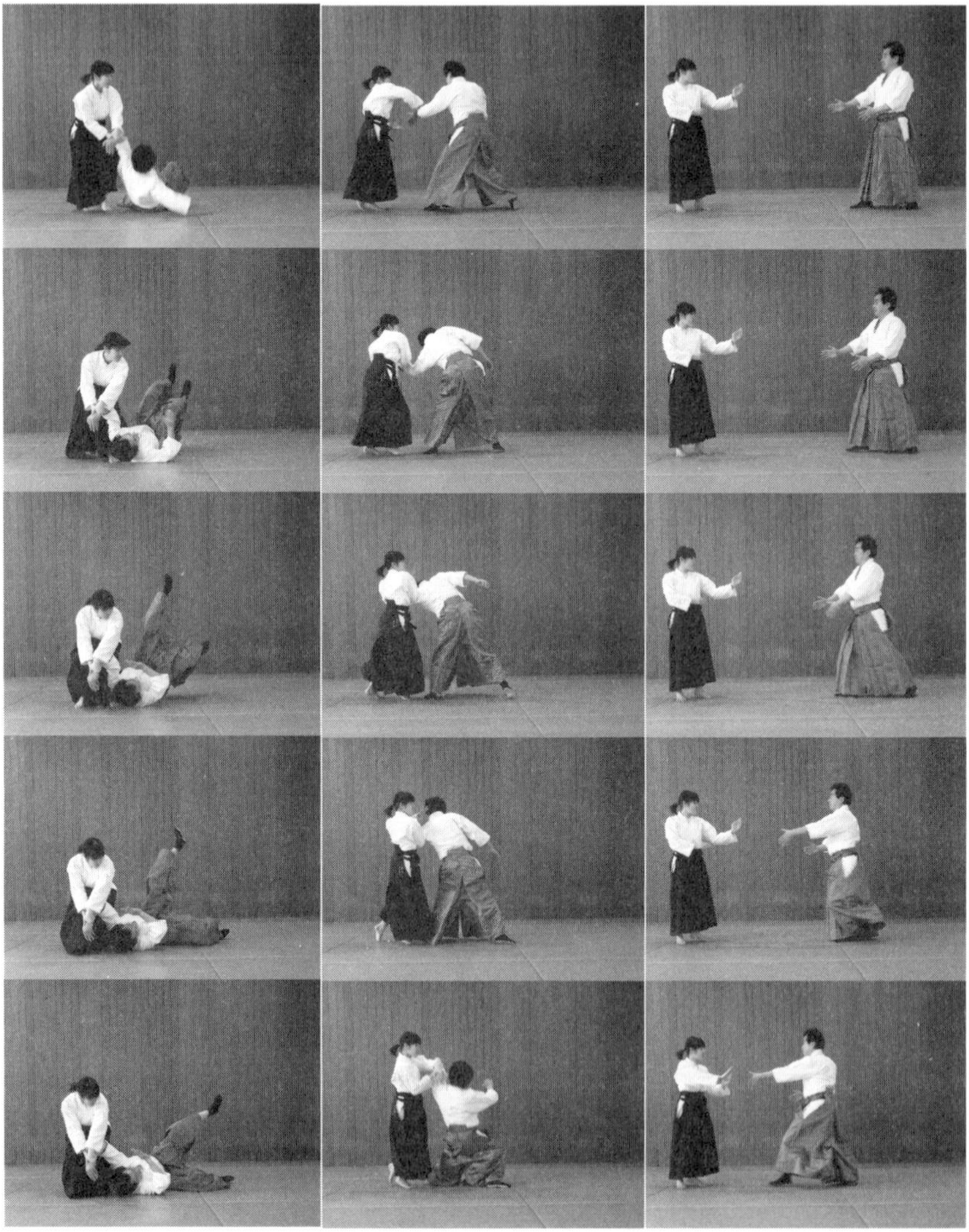

写真 37c つま先立ち小手返し

写真 38a　つま先立ち呼吸投げ

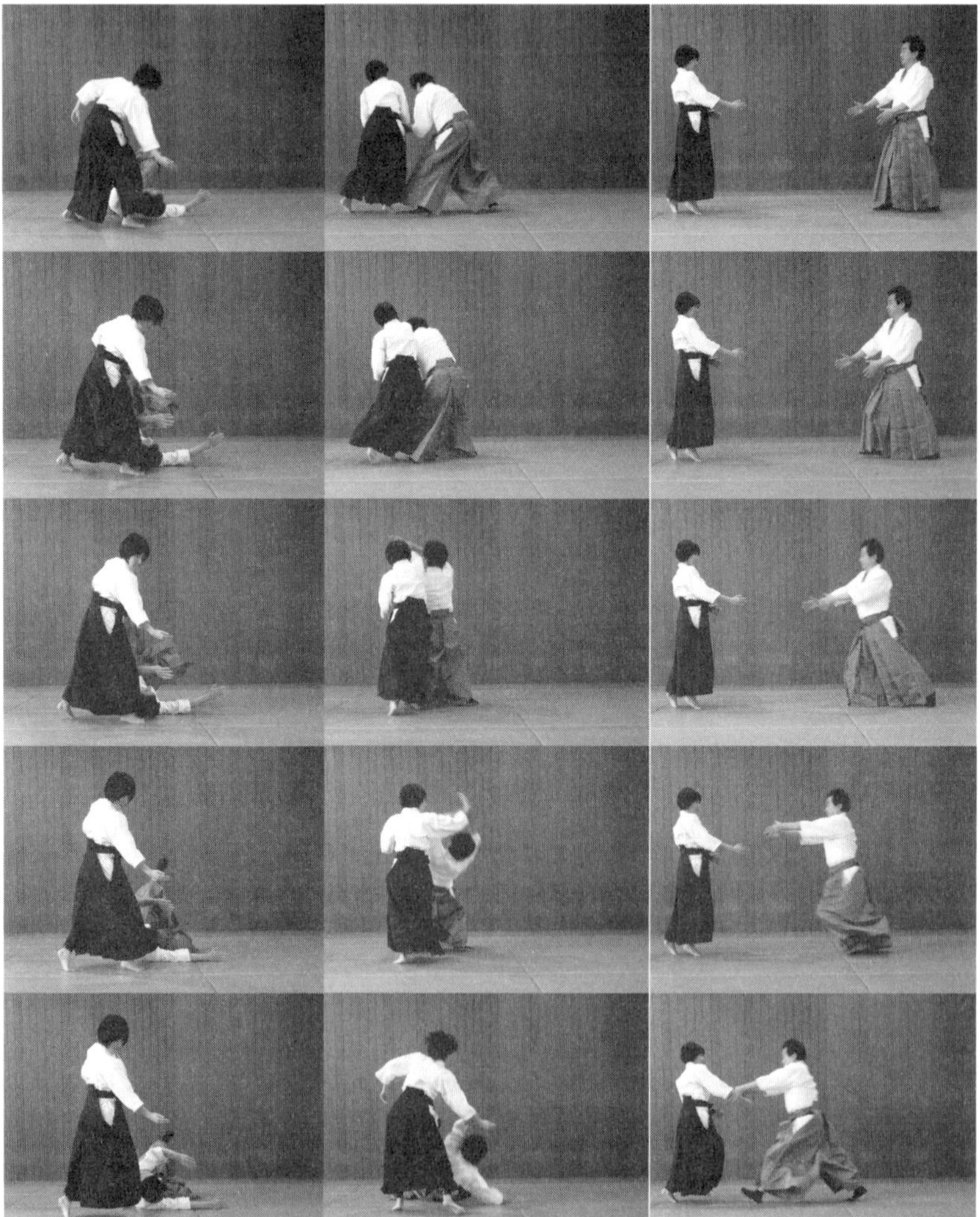

写真 38b　つま先立ち呼吸投げ

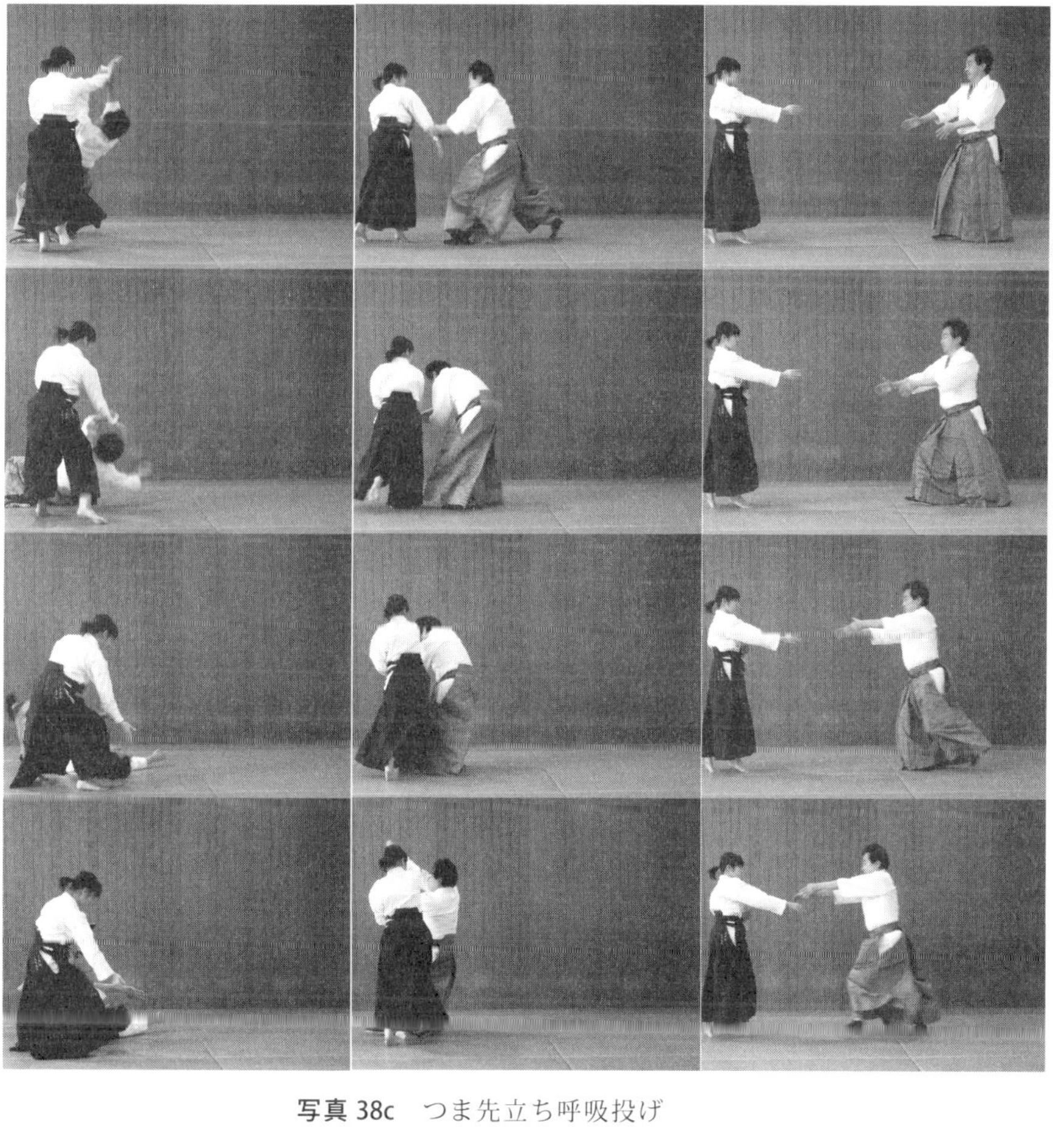

写真 38c　つま先立ち呼吸投げ

写真 39a　つま先立ち天秤投げ

写真 39b　つま先立ち天秤投げ

写真 39c　つま先立ち天秤投げ

写真 40a　つま先立ち天地投げ

写真 40b　つま先立ち天地投げ

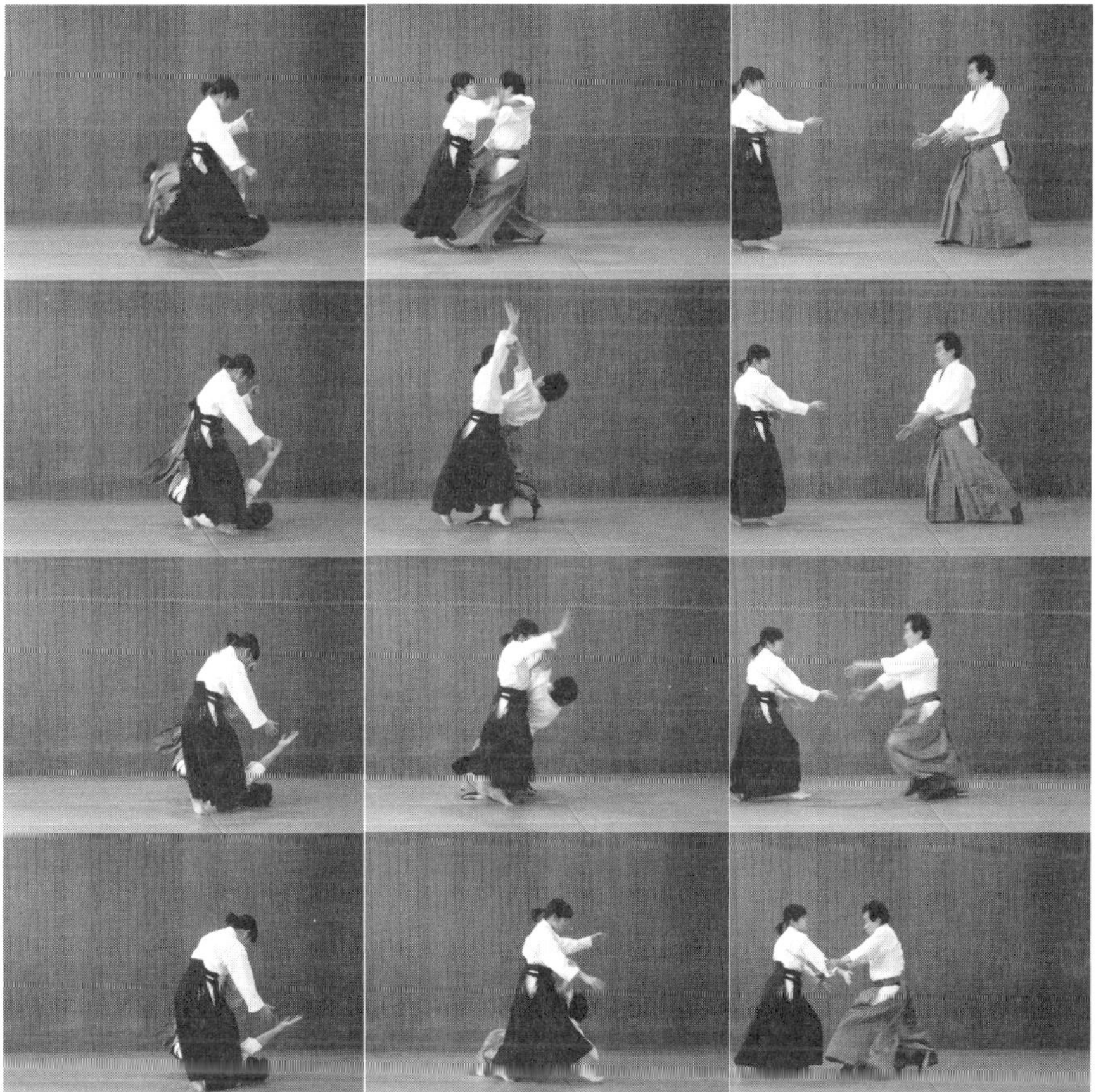

写真 40c　つま先立ち天地投げ

写真 41a　つま先立ち隅落とし

写真 41b　つま先立ち隅落とし

写真 41c　つま先立ち隅落とし

三　運動方程式の教え

初等力学の基本原理はニュートンの運動方程式

$$F=ma$$

で与えられる。それは

力＝質量×加速度

であり、物体に働く力の大きさは質量、つまり物体の重さに物体の加速度、つまり物体の速さの変化の大きさを乗じた値に等しいことを意味している。

運動方程式が教えるところは、次の三点に集約される。

・速さに変化がなければ力は０のまま。
・相手に力を及ぼすためにはこちらの速さを変化させなければならない。例えば、０でない速さが0になる、あるいは速さが0だったものが0でない速さで動くようになるということ。
・相手の身体に当てた拳と腕をいくら力ませても、ずっと動かさなかったら速さが0のままで変化がなく、相手に作用する力は0のままとなる。

従って、相手に効果的に力を作用させるには常にこれらの事実を念頭に置き、こちらの身体を一つの構造体として速度変化（加速度）を生じさせるように使わなければならない。

四　中伝合気と空中殺法

常識的な身体運動技法に終始していたのでは、床面を通して相手と連結して一つの構造体となってしまう。その結果、相手に内力しか及ぼすことができないために崩すことができず、さらには相手がこちらの身体を支えに使ってより安定化してしまう。このような事態を武道用語では「居つき」と呼んで強く戒めているが、それを防ぐには両足を床から完全に離してしまうのが一番の得策となる。「地に足を着ける」ということは一般には良い意味で使われるが、中伝合気の観点からはそれは厳に慎むべきこととなるのだ。

極論するならば「空中殺法」と呼ばれる技法は中伝合気そのものの効果が出やすいと考えられる。

各種の「跳び蹴り」によって相手の身体が激しく倒されるという事実はこのことを明示している（写真42）。また「体当たり」もこちらの身体が相手の身体に当たるときには、両足が床から離れていなくてはならない（写真43）。

このとき、こちらの身体全体は理想的剛体として一つの固い塊にしておく必要がある。

もちろん、両足を床から完全に離すといっても、それが可能となるのはほんの一秒足らずの瞬間のことであり、その後は再び両足が

写真 42　飛び蹴り

床に着いてしまい中伝合気の効果も消えてしまう。「空中殺法」にはこのように瞬間的にしか使えないという欠点があるため、数分間程度にわたって中伝合気の技法を維持するためには本講第二節で示したつま先立ちで歩くという裏技を用いるのがよい。

写真 43　体当たり

五　中伝合気による各種技法例

その一　呼吸投げ

合気道において相手が諸手でこちらの片手をがっちりとつかんで動かなくした場合の「呼吸投げ（立ちの呼吸法ともいう）」においては、足腰をふんばって技をかけようとする限り相手に押し込まれてしまう（写真44）。これは床と腕を通して相手の身体とこちらの身体が内力によって強く結びつけられて一つの構造体となってしまうからだ。従って、この「呼吸投げ」を中伝合気によって実現するためには「居つき」を取り除く必要がある。

写真 44　居つき

こちらの膝をガクガクにしてフラフラとやっと立つ程度にしておけば床面を通して相手の身体と連結することがなくなり、相手の諸手をこちらの片腕で簡単に返すことができて相手を崩すことができる（写真45）。

写真45　不安定な下半身からの呼吸投げ

写真46　空中呼吸投げ

同様のことは、両足を膝の部分で折り曲げて一瞬の間空中に浮いた瞬間に片腕を返すことによっても可能となる（写真46）。

その二　空中一ヶ条

例えば相手が右腕の手刀でこちらの正面を打ってくるとき、こちらが足腰をドッシリと固めた上で右手刀で相手の右手首を受け、左手で相手の右肘を受けても相手が押し込んでくる勢いを止めるのがやっとであり、その後さらに全力で押してくる相手を跳ね返して「一ヶ条（一教ともいう）」の技で倒すことは相手が極端に非力でなければできない。相手の身体とこちらの身体が一つの構造体となって、こちらが相手の身体を跳ね返そうとする力がすべて内力となって「居つき」の状態となっているからだ（写真47）。

このように、一ヶ条の技は非常に難しいものであり、それを合気を用いないで実現することは不可能に近い。

写真 47　足を地に着けた一ヶ条

空中殺法を利用した中伝合気の応用として一ヶ条の技を行うこともできる。相手が正面打ちにきたとき、こちらからも素早く進み出ながら相手が打ち込んできた相手の腕にこちらの腕が当たる直前に足をたたんで飛び上がり、ちょうど空中で相手の腕とぶつかるようにする。このとき全身を理想的剛体としておかなくてはならないが、これにより腕が当たった瞬間に相手の身体は後に激しく倒れてしまう（写真48）。

写真 48
空中一ヶ条

写真 49　剣による空中斬り倒し

この空中一ヶ条は互いに剣や杖を持って打ち合うときにも有効となるが、剣や杖を握る手は全力で固めて身体と剣や杖が理想的剛体として一つの構造体となるようにしなくてはならない（写真49）。持ち手が甘いとまったく効かないことになるので注意が必要。

写真50　常識的な小手返しは効かない

その三　小手返し

相手の手首を小手返しに返すときもこちらの足腰をふんばってしっかりと安定に立ったままでは、相手も足腰をふんばっているので相手の身体とこちらの身体が連結して一体化し一つの構造体となる。そのために相手の手首を返す力が内力となって効かない（写真50）。

そこで足腰をフラフラにするために、膝をガクガクにしてやっと立っていられる状態にして相手の手首を返すならば、返す力が外力となって効くようになる（写真51）。

このとき、相手の手首を持つ側のこちらの手は手首をつかまずに固めてレンチ状態にして手首を囲むだけにし、相手の手甲（拳）に当てるこちらの掌は最大限にピンと開く。その上で人差し指の付け根の太い骨で相手の手甲（拳）を一点で押すようにしなくてはならない（写真52 a、b）。

写真 51 不安定な状態で放つ小手返しは効果的

その四　大外刈り

柔道の「大外刈り」では相手の袖や襟をがっちりとつかんで

写真 52a 小手を返す接点の面積は最小にする

しまうと相手の身体とこちらの身体が連結してしまい、一つの構造体となってしまうため相手の膝を外から刈り上げる力が「内力」となってまったく効かない（写真53）。

写真 52b
接点の面積を最小にした小手返しは効果的

写真 53
相手の袖や襟をつかんだ状態では大外刈りは効かない

そこで相手の袖は二本の指で摘むだけにし、襟はつかまずに固めた拳固の手甲の骨を相手の胸(肋骨)に一点で当てただけにする。すると相手の身体とこちらの身体が連結しないため、相手の下肢を裏から刈り上げる力が「外力」となって効くようになる(写真54)。

写真54 相手をつかまない大外刈り

その五 大車輪投げ

相手の両手首(あるいは袖と襟)を両手で握って引っぱると同時に、こちらの両腕をピンとのばし、両肩から下の身体部分は足裏まで理想的剛体とした上で片足あるいは両足ウラを相手の片足あるいは両足首に当て、勢いよく自分の背中側に倒れ込みながら相手の足首を上方に蹴り上げる捨て身技は「大車輪投げ」と呼ばれる（写真55）。柔道の「巴投げ」よりも効果的だが、こちらの身体を固めて理想的剛体としなければ効かない。

写真55　大車輪投げ

その六　二ヶ条

二ヶ条（二教）はこちらの足腰をふんばって、安定に立っている限りは効かない（写真56）。

写真56　安定な姿勢での二ヶ条は効かない

こちらの足腰はフラフラにし、膝もガクガクにした状態で初めて二ヶ条は効く（写真57）。

写真57　不安定な姿勢での二ヶ条

こちらが両足ともつま先立ちで不安定に立っていても、ある程度は効果がある（写真58）。

写真58
つま先立ち状態での二ヶ条

第三講　奥伝合気と身体力学

奥伝《おうでん》合気とは、相手の身体の骨格構造や骨格自由度あるいは運動生理学的制限構造を巧みに利用し、相手の安定化行動を阻害することで相手を崩すことができる身体操法の術理に他ならない。これを巧みにこなすためには神経生理学と身体力学について習熟しておく必要があるが、以下では必要最小限なものについて結果だけを端的に記しておく。

一　自由度と死角

相手の身体運動は骨格構造と骨格筋構造によって各部が動く範囲（「自由度」という）でしか実現されないし、視覚認識によって意識できている方向にしか動作が実現されることはない。従って相手の身体自由度を把握し、相手の視覚認識が及ばない方向と領域を察知できれば相手が次に動くことができない方向と領域を知ることができる。相手の自由度と視覚認識が及ばない方向と領域を「死角」と呼ぶが、一般には後者のみを表わすことが多い。武道においては両者ともについて表わす。

写真59　マネキンや銅像は簡単に倒れる

二　ロボットは強いという盲信

映画やアニメの中では超合金でできた巨大な人型ロボットは強力無比として描かれているが、実際には人型ロボットは弱い。その理由は、二足直立が不安定なことによる。この事実については、例えば重い銅像といえども二足直立の足裏が土台に固定されていない限り小指一本で押すだけで倒れてしまうことからも理解できる（写真59）。

では、二足直立している人間も崩れやすいはずなのに崩れにくいのは何故かというと、

写真60　相手は無意識にこちらの身体を支えにして安定化する

実は相手に組みついていったこちらの身体を相手が支えにして安定な三本足あるいは四本足構造を無意識下で作っているからだ（写真60）。さらには、倒れていく方向に足を運ぶという動作を無意識下で続けているため、相手が二足直立しているからといって簡単に倒せるわけではない。

ならば、どのようにすれば二足直立する相手の身体を崩すことができるのだろうか？　中伝合気の術理によれば、一つには

「自分自身が相手の支えにならないようにする」

ことと、もう一つは

「倒れていく方向に足を運ぶという相手の無意識下での動作を阻害する」

ことが考えられる。そして、これらの術理を具現するためには相手の腰を「弱腰」にすることが必要不可欠となる。

ここで「弱腰」とは、腰と股関節を支える骨格筋を制御する神経系の働きが阻害された状態のことをいう。相手を弱腰にしてしまえば、相手の身体はこちらからの力の作用で簡単に崩れてしまう。

そして、相手の身体を弱腰にするための基本としては、次の三技法が知られている。
・相手の腰骨の骨格構造の弱点をついて横すべりさせることで弱腰にする（写真61）。
・相手の手首を延ばすことで弱腰にする（写真62）。
・相手の頭を少し上に向けさせることで弱腰にする（写真63）。

写真 61
腰骨を横滑りさせて弱腰にする

写真 62
手首を引き伸ばして弱腰にする

写真 63
顎を上に向けて弱腰にする

三　関節と相反性

人間は本来四足動物であるため、本能的に四足歩行ができる状態にある。そのため無意識下で「動物的四足歩行」が可能となるよう腕（前足）と足（後足）を連動させている（写真64）。つまり、二足歩行時においても、四足歩行時と同様に「左足を出すときに右手を出す」、つまり「左後足を出すときに右前足を出す」動作を用いている（写真65）。

写真64　四足歩行

従って右肩関節と左股関節は運動生理学的に強く同期し、左肩関節と右股関節も運動生理学的に強く同期している。これを肩と腰の間の「相反性」と呼ぶ。つまり、肩関節の自由度を阻害すれば股関節の自由度が制限され、自分が倒れていく方向に速やかに足を送るという無意識の行動ができなくなって倒れてしまうのだ。

写真65　二足歩行

四　奥伝合気とデッドロック

相前後する複数の関節部位の自由度が連携する場合、それぞれの自由度をある特別な角度や位置関係に保つことによってそれらすべての自由度が完全に阻害されることがある。これをデッドロックと呼ぶ。「二ヶ条」、「三ヶ条」、「四ヶ条」、「五ヶ条」、「六ヶ条」の技はすべて相手の片腕について肩関節、肘関節、手首関節の自由度連携のデッドロックを利用している（写真66～70）。しかし、「七ヶ条」の技はデッドロックではなく相反性を利用している（写真71）。

写真 66
二ヶ条

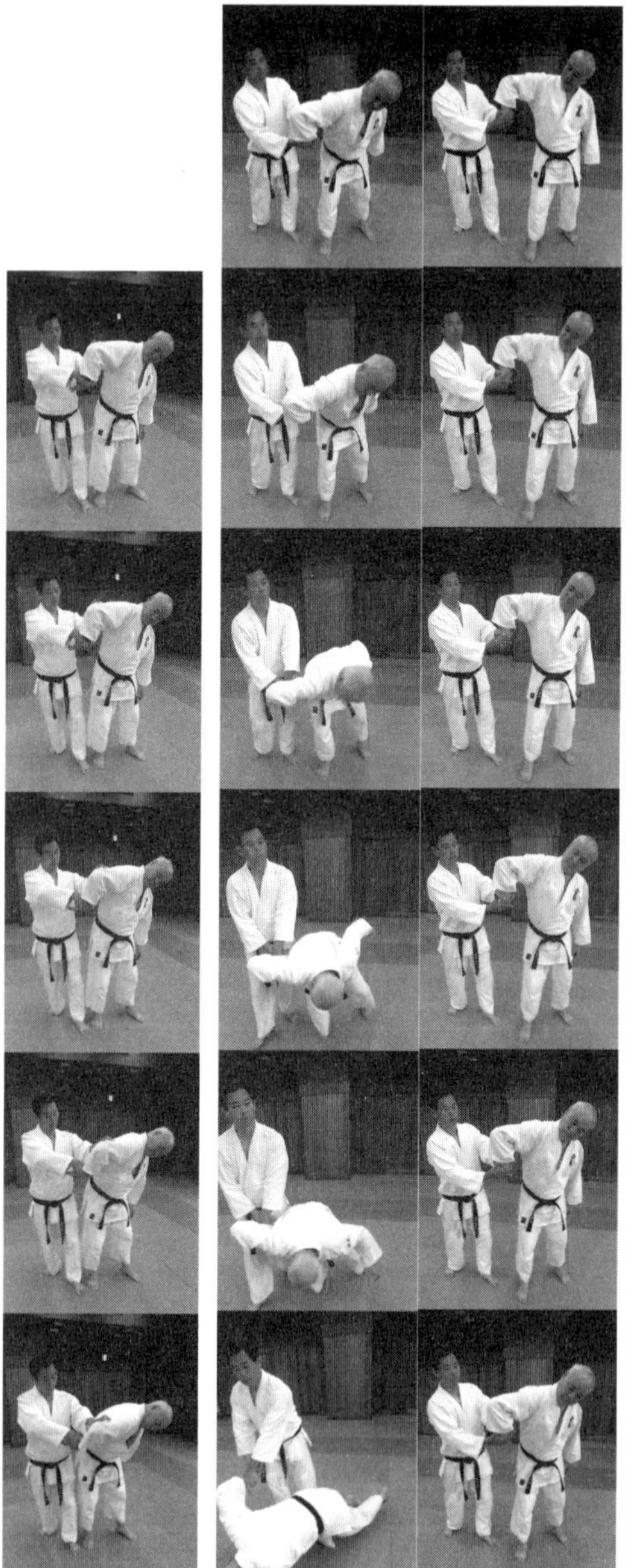

写真 68　四ヶ条

写真 67　三ヶ条

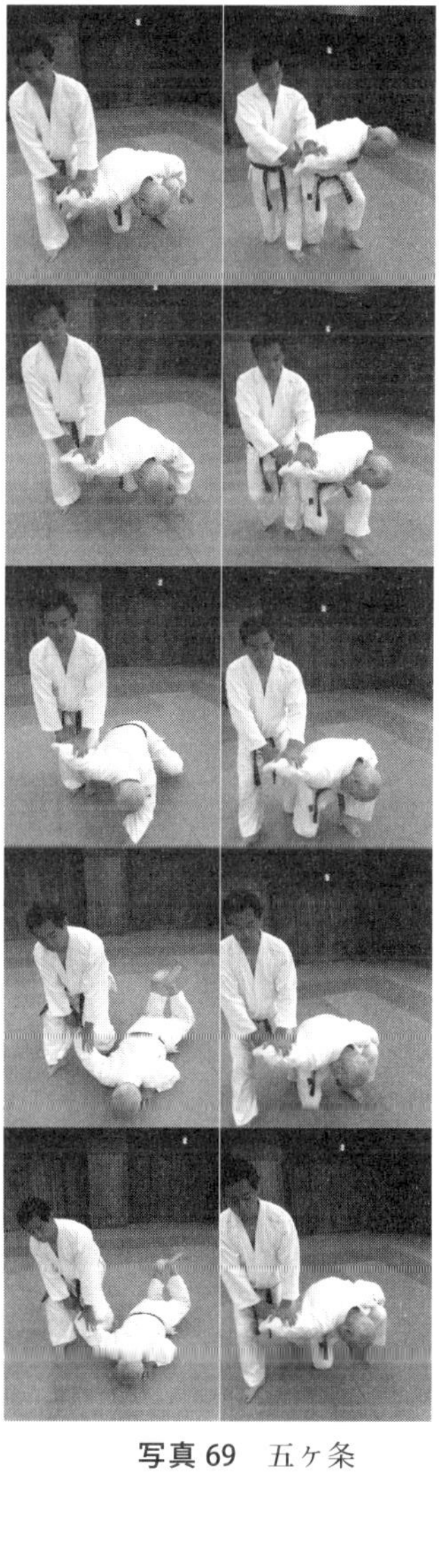

写真 69　五ヶ条

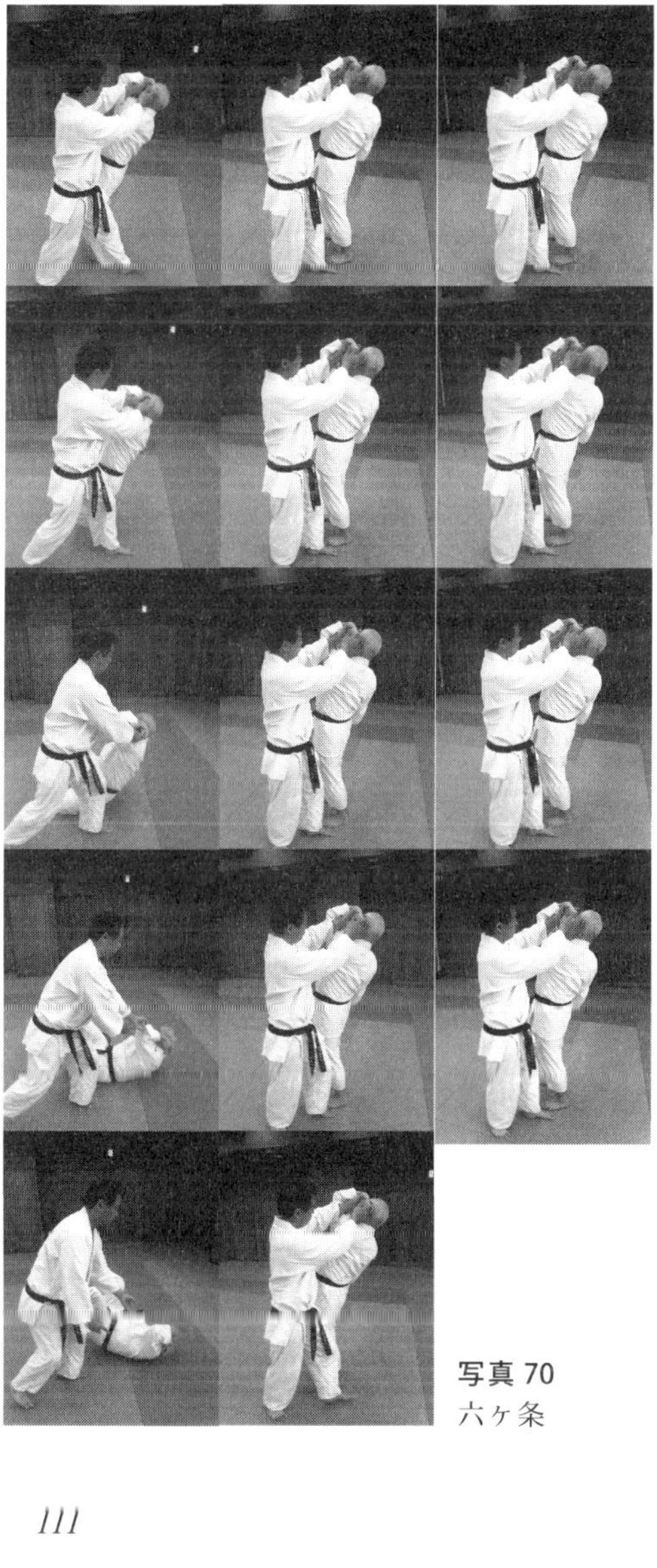

写真 70
六ヶ条

写真71　七ヶ条

五　奥伝合気による各種技法例

その一　突き固め

相手が上段あるいは中段を突いてきたとき、理想的剛体とした肘から先の腕で外側から内側に払うときに相手に向って進み相手の突き腕の肩関節を固めてしまう（写真72）。

これによって肩関節自由度を阻害された相手の腰は弱腰となっているので、そのまま押し進めば相手は崩れてしまう（写真73）。この技は「突き固め」と呼ばれる。

写真 72　突き固めのときの肘と肩

写真73　突き固め

その二　胸巻き投げ

相手がこちらの襟をつかんで胸巻き捕りにきたとき、相手に向って前進しながら相手のつかんできた腕の肘を縮めさせながら、その肘を外側から内側へと掌底で突きはじき、さらに前進してその腕を相手の身体とこちらの身体で強くはさむことで相手の肩関節の自由度を阻害する（写真74）。これにより相手は弱腰となるためそのまま相手の曲がり切った肘を上方にすくい上げれば相手は崩れる（写真75）。この技は「胸巻き投げ」と呼ばれる。

写真74　胸巻き投げのときの肘と肩

写真 75　胸巻き投げ

その三　腕首巻き投げ（七ヶ条極め）

相手の片腕を相手の首に巻きつけるようにして相手の肩関節の自由度を阻害すれば、相手の腰は弱腰となって崩れる（写真76）。この技は「腕首巻き投げ」と呼ばれるが、固め技としては「七ヶ条極め」とも呼ばれる。

写真 76　腕首巻き投げ

その四　小手返し投げ

小手返しのときに相手の腕の肘を外側から内側に向って強く押して相手の肩関節の自由度を殺してしまう（写真77）。

写真77　小手返し投げのときの肘と肩

これによって相手を弱腰にできるため、相手の手首を返すことで相手は簡単に崩れて投げ倒される（写真78）。この技は「小手返し投げ」と呼ばれる。

写真 78　小手返し投げ

その五　一ヶ条

一ヶ条においても、相手の肘と手首を持って相手の腕を相手の肩関節の自由度が阻害される方向に押しつけるならば（写真79）、相手の腰は弱腰となって崩れ落ちる（写真80）。

写真 79　一ヶ条のときの肘と肩

写真 80　一ヶ条

その六　二ヶ条

二ヶ条においても、相手の手首を両手で持った上でこちらの肘で相手の肘を制しながら、相手の腕を相手の肩関節の自由度が阻害される方向に押しつける（写真81）。これによって相手の腰は弱腰となって崩れ、二ヶ条によって簡単に倒される（写真82）。

写真80　（つづき）

写真 81　二ヶ条のときの肘と肩

写真 82　二ヶ条

第四講　秘伝合気と精神物理学

秘伝合気とは相手の精神構造を巧みに利用し、あるいは自分自身の精神状態を操作することで相手の運動制御機構にずれや滞りを生じさせて崩す精神操法の術理に他ならない。サイキック（pshychic）効果と呼ぶこともある。これに比して既に見てきた初伝合気、中伝合気、奥伝合気はすべて身体繰法であり、フィジカル（physical）効果と呼ぶべきものとなっている。

秘伝合気を修得するためには、従って精神構造を理解し精神状態の操作を正しく行うことができるようにならなければならない。そのための指針とするのが、精神物理学である。

一　精神力の真実

精神物理学においては精神構造を、その背後にある「気息（pneuma）」あるいは単に「気」と呼ぶ、目に見えない極めて流動性の高い希薄な「精神流体」の動きによって捉える理論的枠組がある。これはインドのウパニシャッド哲学を西欧の哲学者や科学者（特に物理学者）が積極的に取り入れたことによるものであり、決して東洋医学における気の概念を取り入れたものではなく、むしろ両者ともにインド医学やインド哲学から発生した同根のものだと考えられる。

武道においては特に「気を練る」などという言葉があるように、気の動きや流れを的確に捉えて利用する秘伝合気は、常識中の常識でもあったはずだ。

精神物理学の観点からは、気と身体が重なっていれば身体制御は完全だが、気と身体がずれていれば身体制御はうまく働かないという事実が浮き彫りにされる。さらには人間の思考というものが持つ「以心伝心」といった特異な同調効果（「トランスパーソナル効果」と呼ばれる）の存在も知られている。

二　気持ちの操作――第一者から第三者へ

相手とがっぷり四つになるなどして、相手の身体と完全に連結してしまい一つの構造体となって互いに内力のみを及ぼし合って居つく状態になったとしても（写真83）、秘伝合気の初歩を用いることで状況を打開することが可能となる。

写真 83　がっぷり四つで相手と居ついた状態

即ち、今の自分自身の精神状態を相手と居ついて焦っている自分としての「第一者」の状態から（写真84）、その居ついている状態を後方上部から傍観している「第三者」の状態に移すならば（写真85）、相手の身体は木偶の坊のようになって何もできないまま崩れ倒されてしまう（写真86）。

このとき、「自分は無関係だ！」と思い込むことが重要である。たとえわずかであっても当事者としての気持ちが残っていたのではうまくいかない。

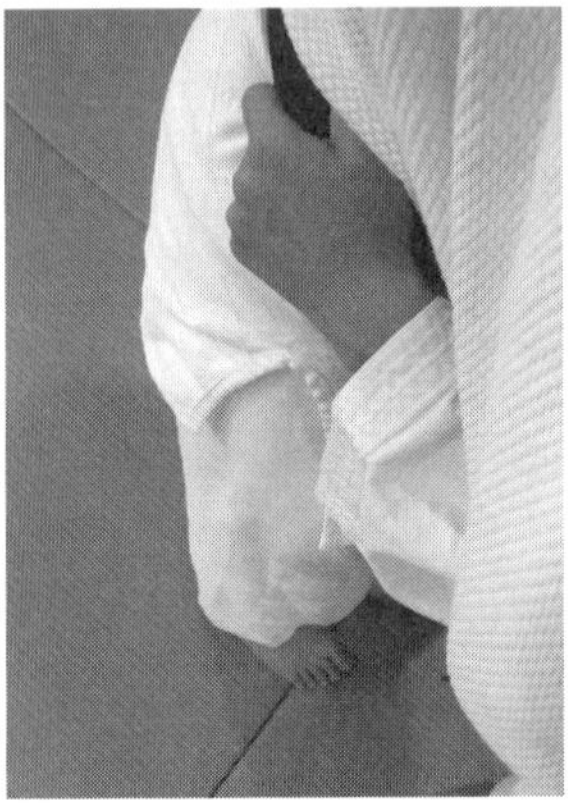

写真 84　相手と居ついている自分「第一者」からの視点

写真 85　「第三者」からの視点

三　相気の誘導――吸気合気

相手の気（pneuma）を「相気《あいき》」と呼ぶことがあるが、その相気を何らかの手段で誘導してしまえば相手の身体と気の重なりを少なくでき、相手の身体運動制御を狂わせることができる。精神物理学によれば、相手の気は相手の注意の先に延びていく性質がある（図３）。この事実を利用するならば、例えば相手の注意を引くような動きやかけ声で相気を自在に誘導することができるようになる（図４）。

講道館柔道の胴タックル技法は「諸手刈り」と呼ばれるが、相手が平常心で構えているときには

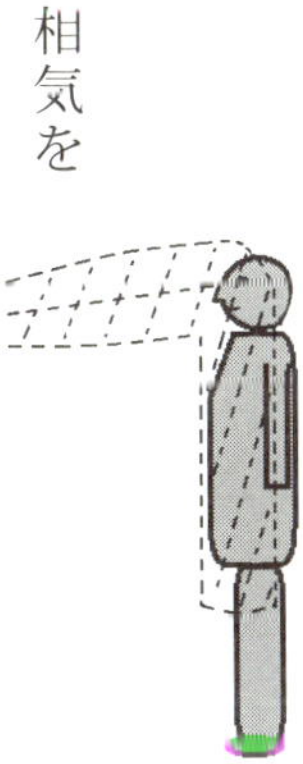

図３　気は注意の先に延びていく

写真86　「第三者」の内面状態でやればがっぷり四つから相手を崩すことができる

うまく決めることは難しい（写真87）。それは相手の気と相手の身体が完全に重なっている万全の体勢が実現されているからだ。この場合には、例えば直前に相手の顔面の前上方でバチンと音を立てて大きな拍手を打って相手の注意を上に向けさせ相気を相手の上半身から上の部分に偏らせることが必要となる（写真88）。これにより膝から下に相気がなくなり、諸手刈りで相手を倒すことができる（写真89）。

また、必死の勢いで攻撃してくる相手の気は上半身（あるいは膝より上）と体外に分布

写真 87　諸手刈りは難しい

図 4　相手の注意を引くことで相気を誘導できる

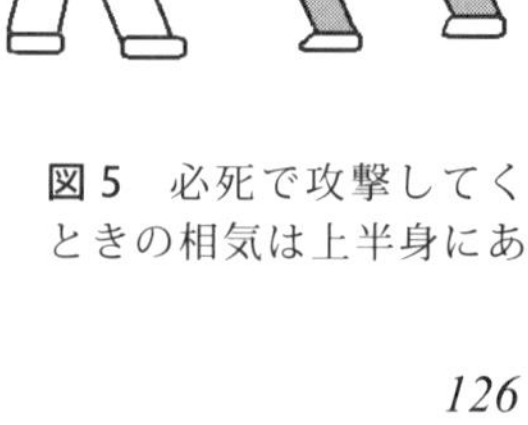

図 5　必死で攻撃してくるときの相気は上半身にある

するため、下半身（あるいは膝より下）には存在しない（図5）。

写真 88　拍手で相手の注意を上に向けさせることで相気を上に偏らせる

写真 89　相気を誘導すると諸手刈りができる

そのため攻撃してくる相手には膝下への軽い蹴りが有効であり、それだけで立場を失って倒れ込んでしまう（写真90）。

写真89　（つづき）

写真90　膝下への軽い蹴りでも必死で攻撃する相手には有効

万が一相手に不意を突かれ、相手の身体とこちらの身体が居ついてしまった場合には相気を動きや発声で誘導することが難しくなる。このようなときにはこちらが瞬間的にいきおいよく鼻から息を吸うことによって、相手の気を相手の身体から一時的に抜いてしまうことができることを知っておかなくてはならない。鼻から息を瞬間的に吸いながら技をかけることで、固く居ついてしまった相手を簡単に投げ倒すことができる（写真91）。この技法は秘伝合気の中でも特に「吸気合気」と呼ばれて重要視されている。

写真91　居つきを打開する吸気合気

四　思考の同調

相手が思考していることと同じことをこちらが思考するならば、相手の気とこちらの気が同調することが知られている。このような同調効果が生じている間は、相手の身体は相手の精神力では制御することができない。従って、相手が思考していることと同じことをこちらが思考しながら相手の身体に何らかの技をかけたり突いたりして外力を作用させるならば、相手の身体は木偶の坊のようになって何もできないまま崩れ倒されてしまう（写真92）。

この精神繰法は真剣勝負においては特に有効となる。

相手の思考を察するためには、観相学や骨相学、あるいは読心術が必要になる。他者の心を読むなどということは日常における一般的な状況においては大変に難しいことであるが、幸いにも武道における闘いの場面においては相手が思考している内容というものを特定することはたやすい。とはいえ、闘いの中での相手の心の内を察知することに習熟するためには、試合形式の稽古を重ねておく必要がある。

写真92　相手と同じ思考をすれば相手は簡単に崩れる

五　秘伝合気による各種技法例

その一　諸手捕り呼吸投げ

相手がこちらの腕を諸手でがっちりと持ったとき、相手は注意がこちらに向いているので相手の気は膝より上にあってこちらの腕にまで出てきている。この状態では、こちらの腕はまったく動かすことができない（写真93）。

写真93　諸手捕りの腕を動かすのは難しい

そこで、こちらの腕にまで出てきている相気を相手の身体に戻すために、こちらの足先で相手の膝より下の足に軽く触れる（写真94）。

このとき、相手の足をソッとなでるように触れるか触れないかのようにすることが肝要となる。足を押しつけたり、足で蹴ったりしたのでは逆効果にしかならない。

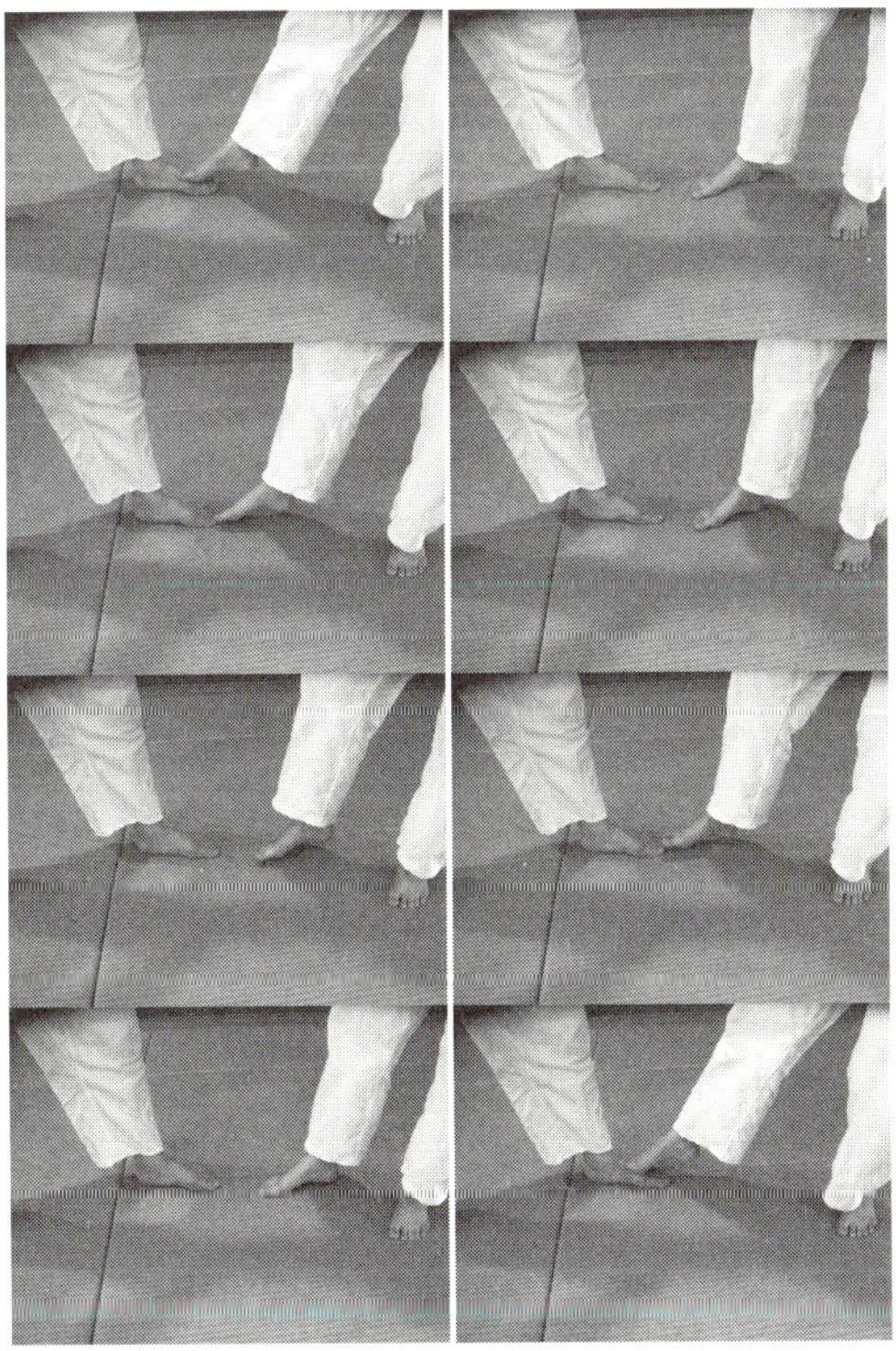
写真94　諸手捕りのときには相手の足にソッと触れることで相気を誘導する

こうすることで、相手の気が相手の身体に瞬間的に戻っていくが、このとき気の動きに伴う慣性で戻り過ぎてしまい、相手の両腕の先端部に気が存在しなくなる。こうして相手の気と身体がずれた瞬間にこちらの腕を返せば、相手の身体は崩れて倒されてしまう（写真95）。

むろん、吸気合気の技法によって、一瞬激しく鼻から息を吸って相手の気を相手の身体から抜いてしまい、その間にこちらの腕を返して相手を崩すこともできる（写真96）。

写 真 96
吸気合気による諸手捕りの崩し

写真 95
相気による諸手捕りの崩し

そのニ　小手返し

小手返しで相手が手首を固め腰をふんばって抵抗した場合、相手の気は膝より上から上半身さらには腕先まで延びている。そのため相手を小手返しの技で崩すことは容易ではない（写真97）。

写真97　必死で抵抗する相手に小手返しをかけるのは難しい

写真 97　（つづき）

そこで、相手の膝下の部分に軽く足先で触れることで相手の注意をそこに向ければ相手の気は瞬間的に膝下に向って戻っていき、一瞬の間手首には気が存在しなくなる。そのときに相手の手首を小手返しに持っていけば、相手の身体は崩れてしまう（写真98）。

相手の膝下の部分を足先で軽く触れる代わりに、一瞬強く息を吸うことで相手の身体から気を完全に抜き取れば、吸気合気によって小手返しをかけることもできる（写真99）。

写真 98　小手返しのときにも相手の足にソッと触れることで相気を誘導

その三　片手捕り崩し

例えば相手の右手でこちらの左手をがっちりとつかまれたとき、自分の左手首とそれをグッとつかんでいる相手の右手とをジッと集中して見続ける（写真100）。

このとき、自分の気持ちを操作してあたかも「自分の左手首を自分の右手で自分が全力で握っている（写真101）」と思い込む。完全に思い込むことができたなら、相手の精神とこちらの精神が同期してしまう。そのため、こちらの左手はたとえ相手に強く持たれていても自由に動くようになり、相手の身体を自在に崩すことができる。

写真 99　吸気合気による小手返し

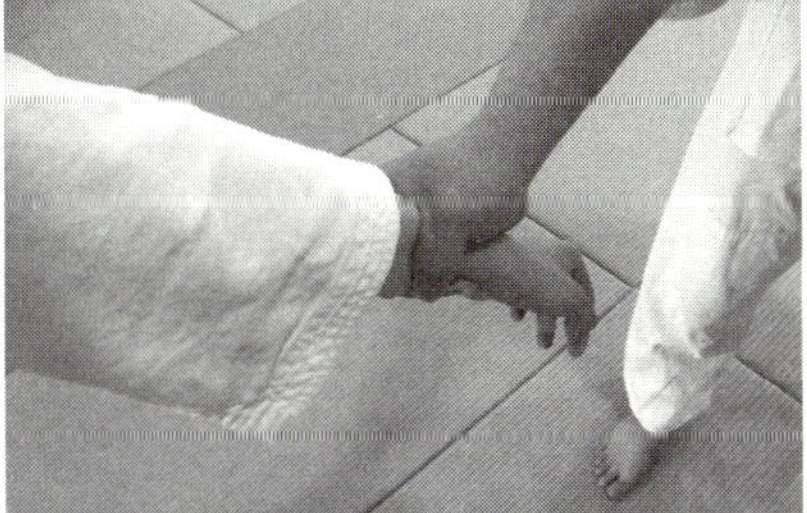

写真 100　相手の右手と自分の左手を集中して見る

このような自己同期現象の効果は、例えば自分の左手首を自分の右手で自分が全力で握ったままにして左手を上下左右に動かしてみるとよくわかる。実際のところ、左手は自由に動いてしまうのだ（写真102）。

写真101　自分の右手で自分の左手をつかんでいると思い込むと相手の右手を動かして相手を崩すことができる

写真 102　自分の左手首を自分の右手で自分が全力で握ったままにしても左手は自在に動かすことができる

その四　座り相撲でのがっぷり四つ崩し

互いに両膝を床に着けた状態で相手とがっぷり四つに組む「座り相撲」においては相手と居ついて膠着状態になることが多い。このとき、実は相手の気もこちらの気もぶつかり合って膠着状態となっている（写真103）。これは互いに当事者として第一者の精神状態にあるためであり、こちらが当事者であることをやめて無関係な第三者だと思い込んで一メートル後ろの上方から傍観しているという気持ちになれば打開できる。こうすることで、自分の気とそれにぶつかり合っている相手の気もそのまま一メートル後方上方に移動してしまうため、相手の気と重ならなくなった相手の身体は秘伝合気によって簡単に崩される（写真104）。

写真103　座り相撲の膠着状態

写真104　気の重なりをなくせばがっぷり四つから相手を崩すことができる

その五　足払い

二足直立する相手の足をこちらの足で払う「足払い」の技をかけようとしても、相手の足に相手の気が重なっている間は払うことができない（写真105）。そこで相手の足を払う直前に、こちらの空いている手で相手の顔面や上半身に軽い当て身を入れる。これによって相手の気が相手の顔や上半身に集中するため、相手の足からは気が抜けてしまう（「気が抜ける」の本意）。このときに相手の足をこちらの足で払うならば簡単に払うことができ、相手の身体が崩れる（写真106）。

写真 106
軽い当て身で相気を誘導すれば足払いが可能になる

写真 105 足払いは難しい

この足払いにおいても、当て身や拍手といった身体動作によって相気を誘導する代わりに、吸気合気を用いて相手の気を相手の身体から外すこともできる。このとき、足払いは瞬間的に決まる（写真107）。

写真 107
吸気合気による足払い

その六　こより投げ

古流柔術で語られる伝説の投げ技に、初めて見る者の度肝を抜いた「こより投げ」があるが、これも秘伝合気の精神操作によって実現できる。

例えば、こちらが右手の親指と人差し指でこよりを一本つまみ、その右腕を前方に伸ばしておく。このとき相手に対し、「お前などはこのこよりを持たせてこよりを切らずに投げ飛ばすことができる！」と言えば、相手は小馬鹿にされたと思い必死でかかってきて、持つ前からこちらが持っているこよりを注視する。そのため、相手の気は上半身からさらにこよりを持とうとする腕先まで出てきてしまう。

さらに相手がこよりをつかむ一瞬前にこよりをクルリと回して相手の気をさらに強くこよりに引きつけることで、相手の気をほぼ完全に腕から先に出てしまうことができる。同時に、相手がこよりをつかんだ瞬間にこよりを手放しながら相手の背後に回り、相手の両肩を後に引き倒すと簡単に崩れる（写真108）。

写真108　相気を誘導する「こより投げ」

写真 109　神伝合気による精妙極まりない「こより投げ」

この技法は相手の意表を突く形となっているため、同一の相手に二度とは効かないのだが、次講で解説する神伝合気を用いるならば、最初からこよりを相手につかませた状態から実際にこよりを切らないように相手を何度でも投げ倒すことができる（写真109）。

第五講　神伝合気とメタ物理学

これまで解説してきた「初伝合気」、「中伝合気」、「奥伝合気」、「秘伝合気」の技法はそれぞれが長きにわたって秘匿され続けてきたものであり、それを知ることで日本武道の秘奥に位置する「合気」を修得するための王道を進むことができる。だが、そのレベルにとどまっていたのでは、ある程度は合気の技を使うことができるのは確かであるが、人生に何ら意味を持たせることはできない。己の一生を賭して合気の道を求めるのであれば、「神伝合気」にまで至らなくてはまったくの無駄となってしまうのだ。

その「神伝合気」とは、人間の本質である「魂」（身体とつながっていないときは「霊」と呼ばれ、魂と霊の両方の形態を総称して「霊魂」と呼ぶ）の働きによって、相手の魂を通して無意識下で相手の身体を動かして相手の意識下の身体運動を阻害して崩す神秘操法に他ならない。「スピリチュアル（spiritual）効果」と呼ぶこともある。

霊魂の存在と働きについて理解し、魂の操作のための指針を与えてくれるのがメタ物理学（形而上学、metaphysics）に他ならない。

一　神道と合気道

霊魂に働きかける古くからの完成された秘儀体系としての日本神道に伝承されてきた

・祝詞《のりと》
・息吹《いぶき》
・舞《まい》
・禊《みそぎ》
・祓《はらい》

などの秘伝を用いて神伝合気を大正末期から昭和期にかけて再建したものが、植芝盛平翁（写真110）による「合気道」であり、古文献『九鬼文書』で知られる「九鬼神流」の秘法と思想を受け継ぐものとなっている。植芝盛平翁没後は残念ながら合気道の中に神伝合気が失われてきたことは否めない。

合気道を神伝合気によって再興するには植芝盛平翁に匹敵する偉大な存在が必要になるのだろうが、その登場を待つまでの間に少しでも地均しをしておきたいと考えている。そのためには、せめて神伝合気のメカニズムだけでも、物理学の理論的枠組の中で明らかにしておきたい。幸いにも、そのようなことを可能にする革新的な物理学の基礎理論が既に一九六〇年代に提唱されていたのだが、以下では「素領域理論」と呼ばれるその理論に基づいて神伝合気の本質に迫っていく。

二　場と空間の重要性

霊魂はどこに存在して、どのようにして物質で作られた身体などに働きかけたり、あるいは身体の「中」に「在る」ことになるのかを物理学の理論的枠組の中で唯一説明できるものは、湯川秀樹博士が提出した「素領域理論」に他ならない。その理論は空間の物理学的な構造とその空間の中に存在する素粒子の本質や生成消滅反応についての統一的理解を与えてくれる最も奥深いところにある物理学の基礎理論であるが、その解釈を少しだけ拡張することによってこれまで物理学の枠組では記述することができなかった形而上学的な概念まで

写真110　合気道開祖・植芝盛平翁（山本光輝師範のご厚意による）

も論じることができるようになる。

それによれば、空間そのものが持つ超微細構造素片である「素領域」が霊の要素であり「霊素」とか「霊子」と呼ばれるべきものである。即ち、素領域の集まりが霊であり、素領域の全集合体が「神」となるが、それはまた「空間」ともなり、そこに宇宙森羅万象を生成消滅させる「場」でもある。

写真 111　畑田天眞如様

湯川の素領域理論によれば、物質の構成要素である素粒子はすべていずれかの素領域の中にしか存在できない。この意味で、身体を含めすべての物質は「霊の中にのみ存在している」といえる。即ち、霊があるからこそ物質でできた肉体が存在するのであり、「肉体が霊を宿す」のではなく「霊が肉体を宿す」のである。肉体を宿した霊を「魂」と呼ぶ。

岡山県の鴨方にある遙照山には国立天文台の天体物理学観測所があるが、その隣に位置する阿部山は陰陽師の安倍晴明ゆかりの地という伝承も残る霊山となっている。その阿部山で鞍馬寺系の密教拠点となっている「天眞如教苑」の阿砂利である畑田天眞如様（写真111）は、九十歳を超えてなお矍鑠として多くの人々を導いて下さっているが、彼女は湯川秀樹博士に勇気づけられたという貴重な体験をお持ちだ。

それは、彼女がまだ阿砂利となるための修行をしていた若い頃の話で、京都市内の左京区にある公会堂で開催された講演会での出来事だったという。彼女の講演の中で、人間の心というものには不思議な力があって、例えば山向こうで友人が困難な状況に陥って助けを求めているときには、それを察知することができるといった内容だった。

ところが、講演後に聴衆の中から質問を受ける時間があり、如何にも理工系の元大学教授といった雰囲気の二人が矢継ぎ早に罵声に近い辛辣な発言をぶつけてきたそうだ。曰く、そんな非科学的なことを言って世の中を惑わすのはけしからん、そもそも間に高い山があれば無線機の電波も届かないわけだから山向こうの人間と連絡が取れるわけがない。

語気のあまりの強さに驚いて何も答えられなくなった天眞如さんだったが、ともかくその場は司会者が収めてくれ聴衆が解散していってから演台の近くに放心状態で立ち尽くしていたところに、一人の老紳士が寄ってきた。悪意に満ちた二人の言葉に傷ついていた天眞如さんに向かって、その老紳士は笑顔で声をかけてくれた。「あなたが話したことは本当のことですから、何も気になさることはないですよ。あの二人は、かわいそうにまだそれがわかっていなかっただけです」。

その優しい笑顔で癒され深々と頭を下げている間に「じゃあ、これで」と片手を上げて立ち去った老紳士に、せめて名前をお聞きしておくべきだったと悔やんだ天眞如さんは、近くにいた主催者側の担当者に問いかける。その返答は、彼女にとって忘れ得ぬものとなった。何故なら、日本人として初めてノーベル賞を受賞した理論物理学者として高名な湯川秀樹博士その人だったのだから。

三　愛の効果

湯川の素領域理論を形而上学（メタ物理学 metaphysics）にまで適用することによって、物質と霊魂についての統一的な記述が可能となる。そのような枠組は「形而上学的素領域理論」と呼ばれるが、単に「素領域理論」としても問題はない。湯川秀樹が提唱した素領域理論の枠組そのものの中に自然に入っていた概念構造が、物質だけでなく霊魂をも記述できる拡張性の高い理論的素地を持っていたからだ。

素領域理論においては、物質の最小構成要素である電子や光子などの素粒子を空間の最小構成要素としての素領域の内部に存在できるエネルギー量子だと捉え、素粒子の生成消滅反応や運動をそのエネルギー量子が素領域から別の素領域へと遷移していく道程だとしている。素粒子同士の間にのみ働く作用は物理的な「力」と呼ばれ、現在のところ「重力」、「電磁力（電気力と磁力）」、「(原子核の）弱い力」、「(原子核の）強い力」の四種類が実験的に見出されている。これらは、あくまで素領域の間を遷移して飛び交うエネルギー量子である素粒子の間でのみ直接に作用するものであり、素領域構造そのものに働きかけるものではない。

湯川秀樹博士がよく引用した「旅人」という観点は、唐代の詩人李白による漢詩「それ天地は万物の逆旅にして、光陰は百代の過客なり……」や芭蕉の句「月日は百代の過客にして、行かふ年も又旅人也」に端的に表されているが、「光陰」と捉えられる素粒子は「逆旅」即ち旅籠から旅籠へと終わりなき旅を続ける「旅人」であり、その旅人即ち素粒子が転々とする旅籠が素領域であると喩えられている。

通常の物理学理論の基礎を与えるという目的のためにはこれで充分であるが、さらに形而上学的概念までも記述するためには素領域構造自体に何らかの相互作用が存在する形に理論を拡張する必要がある。それが「形而上学的素領域理論」に他ならない。

そこでは、素領域同士の間にのみ働く作用ないしは関連性の総称が「神意」とか「普遍意識」と呼ばれる。素領域の集まりが霊魂であることからして、この意味で神意は霊魂の間の働きである。神意としての「愛」が自分以外の他の人間の動きに作用するのは、肉体を宿す霊である魂に働きかけることで素領域間の配向分布が変化し、その結果として素領域から素領域へと遷移していくエネルギー量子である素粒子の動きが変わる、つまりそれらの素粒子から作られる身体がその変化にみあうように動かされるということによる。まさに神伝合気の作用機序がそこに見出されるのだ。

四　神への全託

相手の身体や自分の身体は背景にある素領域構造である空間（神）の中に宿るわけであり、従って空間（神）の采配である「神意」によって素領域構造が変化することによって間接的な影響を不可避的に受けることになる。あるいは、逆に「素領域構造が変化する」ことそれ自体を「神の采配」

とか「神の恩寵」さらには「神の愛」と呼ぶのが正しいのかもしれないし、「人間（じんかん）主義」における「空間の意思」もまたこの意味で用いられる。

従って、素領域構造である空間（神）の中に宿っている身体を意識的にどう用いたところで、相手の身体や物質でできた武器や自分の身体を宿す素領域構造としての空間（神）の変化である神の愛や神の采配に抗うことはできず、むしろ自分の身体を宿す素領域構造である自分の魂の変化のみが表出するように「神への全託」（人間主義における山手國弘のいう「すべてを空間に託す」こと）をすることで、相手の身体や武器の働きを封じて相手を崩すことができる。

これが神伝合気の眞随である。

このような「神への全託」を完全に具現して生まれてくるのが赤ん坊であることは、まったくの無防備な状態ですべてを信じ切ってこの世に産み落とされてくることから明らかだろう。赤子の心でいることが「神への全託」となることに気づいた武道家は少なくないが、合気との関連でのみ指摘するならば古流柔術の達人が遺した「合気を知りたければ赤子の手を押さえてみろ」や、養神館合気道の塩田剛三館長が遺した「合気道の極意は赤ん坊になること」という言葉が知られている。

とはいえ、「赤子の心でいる」ことや「赤ん坊になる」ことは現代の大人、特に武道家には容易いことではない。「赤子の心でいる」ことを大人にわかるように言い表せば、おそらく「愛する心」という表現が最も近いことになるだろう。しかしながら、この「愛する」ということ自体が人によって様々に理解されているため、必ずしも誰にとっても「赤子の心でいる」ことに近いというわけにはならない。つまり、自我意識で生まれる思考によって捉えようとする限り、本当の「赤子の心」

を理解することもできないしその状態になることは不可能に近い。

唯一ともいえる「赤子の心でいる」ための技法は「赤ん坊の仕草を真似る」ということだが、それは例えば「乳を吸う」であったり、「便を垂れ流す」や「涎を垂れ流す」であったり、「舌を出して笑う」や「泣き続ける」だったりという程度のものであり、大の大人が人前で簡単にできることではない。それでもその効果には驚くべきものがあり、一人稽古あるいは一子相伝の稽古の場においては充分に伝達することができる「神への全託」への最も確実な近道と考えられる。つまり「神伝合気」へと向かうための王道になるのだ。

もちろん、赤ん坊が無心で泣くことこそが神への戸を開き人を神へと戻す唯一の方法であると指摘した宗教家もいることからも、「赤子の心」が「無心」であることは想像に難くない。だが、ここで「無心」と言い表した瞬間から「愛する」という言葉が人によってまちまちの異なった解釈を与えられたように、やはり本質からずれてしまう意味合いしか持ち得なくなる。その意味でも、何も深く考えずに単に赤ん坊の仕草を真似るだけのほうが、「赤子の心」に戻って神へ全託する「神伝合気」に通じるはずだ。

神への全託を日常的な場面においても実現するための技法であれば、程度の差や個人差はあるかもしれないがそれはすべからく「神伝合気」に導いてくれるものであるから、できればその主要なものについては習熟しておくのが望ましい。以下ではそのような技法として

・祝詞奏上、あるいは読経や聖歌斉唱

・舞踊
・オペラやダンスなどの舞台演技における「舞い上がる」振り付け
・重力に身を任せて落下する、あるいは回転するとか転がる
・オノマトペ（擬音語）を含む擬態語の発声

について触れておこう。

神道における祝詞奏上や仏教における読経あるいはキリスト教における聖歌斉唱によって、それが流れる場の雰囲気が荘厳になっていくことは多くの人の認めるところだろう。確かに祝詞の奏上によって周囲を清めることもできれば、地震や台風といった天変地異でさえも鎮めることもできるのだが、そのような超自然現象の可能性を物理学の枠組の中で探っていくには、形而上学的素領域理論が必要となってくる。即ち、旧約聖書にあるようにこの宇宙すらまだ存在しなかったときにまず言葉が存在し、次いで光や物質が存在するようになったのだが、その意味で「言葉」つまり「言霊」は「素領域」そのものと考えられる。「この世界は言霊の充満界である」と書家であり合気道師範でもある山本光輝先生が看破されたように、「この世界は素領域の充満界」であるからこそ、そこに光や物質の素粒子が現れては消えることができるのだ。

従って、祝詞を奏上することによって言霊である素領域の相互作用を誘発することで、素領域の集まりとしての空間や場の分布に変化をもたらせることができる。祝詞は光や物質に直接的に働きかける作用は持たないのだが、素領域に働きかけることでその素領域の中にのみ存在が許されてい

る光や物質に間接的に働きかけることができるわけだ。これが祝詞奏上により神伝合気を発動させる原理だと考えられる。

次に、舞踊やオペラなどで舞を踊ったり手足を大きく動かす派手な振り付けで「舞い上がる」気持ちを表現するときに「神への全託」が実現することについてだが、これはそもそも「舞」という漢字が既に真相を物語っている。実は「舞」という漢字に先立つ意味を持つ漢字に「無」があることにも注意しなくてはならない。この「無」という漢字は象形文字であり、神殿の前で巫女がひれ伏して今まさに舞を舞おうとする直前の状態を表しているのだが、そのときの巫女の心には何も「ない」ということでこの象形が「何もない」という概念を表すことになったという。

そして、「無心」の状態となった巫女が「神への全託」によって神憑《がか》ることで神殿の前で手足を羽ばたかせて動き回る様を描いた象形文字が「舞」に他ならない。つまりは、舞を舞うために舞い上がろうとする直前の巫女は文字どおり「無心」となっているわけだが、これは何も神に仕える巫女だけに限るわけではない。誰もが純粋に舞を舞うために舞い上がろうとしさえすれば、その直前に「無心」の境地を得ることができ、従って「神への全託」がなされていることになるのだ。これが舞踊や舞い上がる振り付けによって神伝合気が具現する真の理由に他ならない。

また、神伝合気を発動させる技法として古流柔術や初期の講道館柔道において経験的に用いられたものに、「重力に身を任せて落下する」あるいは「転がる」という動作がある。例えば柔道の投げ技「体落とし」を例に取ると、現代柔道ではこちらが相手の足下で腰を落としながらすばやく両足を入れ換え、相手の両足が送れないようにして相手の襟と袖を引き落とすことで相手の身体を勢

写真112　現在の「体落とし」

いよく投げ倒す技巧的な技と理解されている（写真112）。だが、本来の「体落とし」はこのように運動力学的観点から理解される投げ技ではなく、実は「重力に身を任せて落下する」ことで赤子のような「無心」の状態を生み出す「神への全託」によって神伝合気を誘発する合気技法だと考えられる（写真113）。

写真 113　本来の「体落とし」

　このように「重力に身を任せて落下する」ことで誰もが簡単に「無心」となれるという事実を追試するには、いわゆる「後ろ受身」や「前受身」などの受身の動作を自分一人でやってみながら何かについて考えようとしてみればよい。重力に身を任せて受身を取りながら転んでいる間は、どうあがいてみても何故か何も思考することができないことに気づくだろう。
　それでは、そもそも「重力に身を任せて落下する」ことでどうして「無心」の境地に到るのかというと、やはり素領域理論における物理学基礎論的な理解が可能となる。素領域理論においてはアインシュタインの一般相対性理論における空間や時間のゆがみをも素領域の分布密度や異方性によって説明することができるのだが、重力によって落下する物質は他から何の作用も受けない状態になるため、本質的に素領域同士の間に働く作用のみが影響を与えてくる。形而上学的素領域理論においては素領域同士の間に働く作用を「神意」とか「愛」と呼んだのであるから、「重力に身を任せて落下する」ことは素粒子から作り上げられている物体としての我々が「神意」としての「愛」を直接に主体的に感じ取ることができる唯一の方法なのかもしれない。つまり、重力で落下することで神の愛に包まれているという形而上学的な事実を肌で感じ取ることができるのだが、それが「神への全託」を具現する「無心」の境地そのものとなるのだ。

等速直線運動と自由落下運動を交互に組み合わせると「回転運動」となるため、身体を回転運動させることによっても「無心」の境地に到るのは「重力に身を任せて落下する」自由落下運動の場合と同じ理由であると考えられる。回転運動としては床の上で両手を頭上に伸ばし身体をピンと伸ばして体軸を中心に転がる運動でもよいし、前受身や後ろ受身のように床の上を身体を丸めて転がるのでもかまわない。さらには、直立したまま体軸を中心としてコマのように身体を回転させるバレリーナのような動きでもよい。そのような「回転運動」によって「無心」の状態となれるのは、例えばイスラム教の修道僧によって「神意」に触れる修行としてなされてきた「回転ダンス」のような行が残っていることからも推し量ることができよう(写真114)。

開祖植芝盛平翁の合気道の動きにおいては、確かに「重力に身を任せて落下する」状態から技を繰り出したり、「回転する」状態から技をかけるものが少なくない。即ち、合気道の技法は単に祝詞奏上によって神伝合気を誘導する神道的な原理のみならず、赤ん坊になることや自由落下する、さらには回転運動をする、といった様々な技法を組み合わせて知らず知らずのうちに容易に「無心」

の境地を生み出していくことで神伝合気に導いていくという極めて実用的な原理をも取り入れて作られたと考えられる。その意味では、稽古体系も含めて合気道というものは多くの人が神伝合気に到るための極めて効果的な武道体系として、ほぼ完成の域に達しているのではないだろうか。

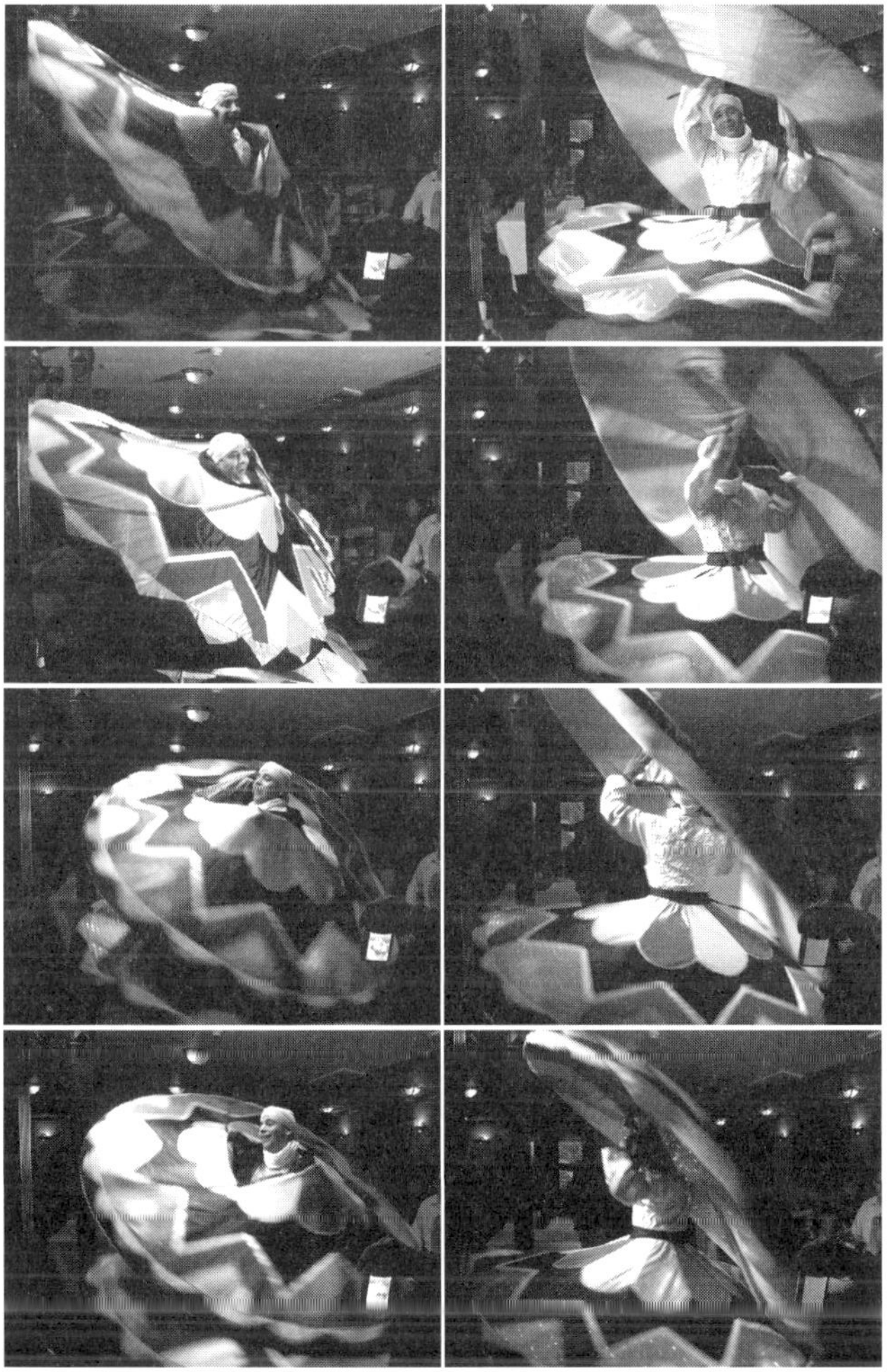

写真114　イスラム教修道僧の回転ダンスのような行

将来に遺すべき人類の文化遺産として「合気道」の眞随を護りとおしていくことは、我が日本に課せられた大きな課題であると知らねばならない。

既に祝詞奏上による神伝合気の発動原理について形而上学的素領域理論の枠組で概略を論じてきたが、そこでは「言霊」は「素領域」そのものであり、祝詞の言葉が言霊である素領域に働きかけることで素領域の中にのみ存在する光や物質に間接的に働きかけることができるのだった。言霊である素領域に働きかけることができるのは祝詞の言葉だけではなく、実は効果は限定的ではあるが、擬音語や擬態語などの擬声語（フランス語由来の「オノマトペ」）によっても言霊である素領域に何らかの作用を伝えることはできる。実際に「スカーン！」とか「コンコン」などのオノマトペを発声しながら相手の身体に投げ技をかけてみれば容易にわかるのだが、確かに合気の効果は顕著に現れてくる。だが、そのようなオノマトペによる合気の現場を支配する雰囲気は神伝合気に特有の精妙なものでは決してなく、むしろ秘伝合気と同程度の意識や念の作用の産物に近いものがある。

前出の阿部山で天眞如苑を主宰する畑田天真如様によれば、「擬音語や擬態語は霊を呼ぶ力があるため、真っ先に動物霊などの低級霊が集まってきて悪戯をしてしまう」ことで、一見神伝合気のような効果が出てくることもあるようだ。しかし、所詮は秘伝合気程度の低級霊による念の働きでしかないため神伝合気によって簡単に凌駕されてしまうのは、狐憑きなどの憑依現象によってある程度の霊能力を発揮するようになっていた人物が、「神への全託」を具現して「神の愛」に生きる聖人に出会うことで憑依から解き放たれて凡人に戻ることに等しい。

もちろん、日常的な場面においても容易に用いることができる「神への全託」へと導くこれらの技法に習熟しなくても、一人の人間として神や仏の如く「生きとし生けるものすべてを愛し慈しむ」ことができていれば、「神への全託」による「神伝合気」はその人間が生きるあらゆる場面に充ち満ちてくる。合気を目指す武道家たるもの、最終的にはこの境地に到達しなければならないことを肝に銘じるべきだろう。

五　神伝合気による各種技法例

その一　入り身投げ

相手が右手刀でこちらの正面を打ってくる「正面打ち入り身投げ」の場合、標準的な合気道の解説書（『合気道三年教本・全三巻』合気道星辰館道場編著、海鳴社）によればその動きは次のようになる。

相手が右手でこちらの正面を手刀で打ってくるとき、こちらは前に進みながら右手で相手の右手を受けると同時に左手先を相手の首に後ろから軽く触れるようにして時計回りに回転しながら相手の右手を下にさばく。そこからさらに同じ時計回りに半回転ないしは一回転しながら左手で相手の首をこちらのほうに引きつけると同時に右手を相手の顎に当てて真上に引き上げれば、相手は腰から大きく崩れて倒れてしまう。

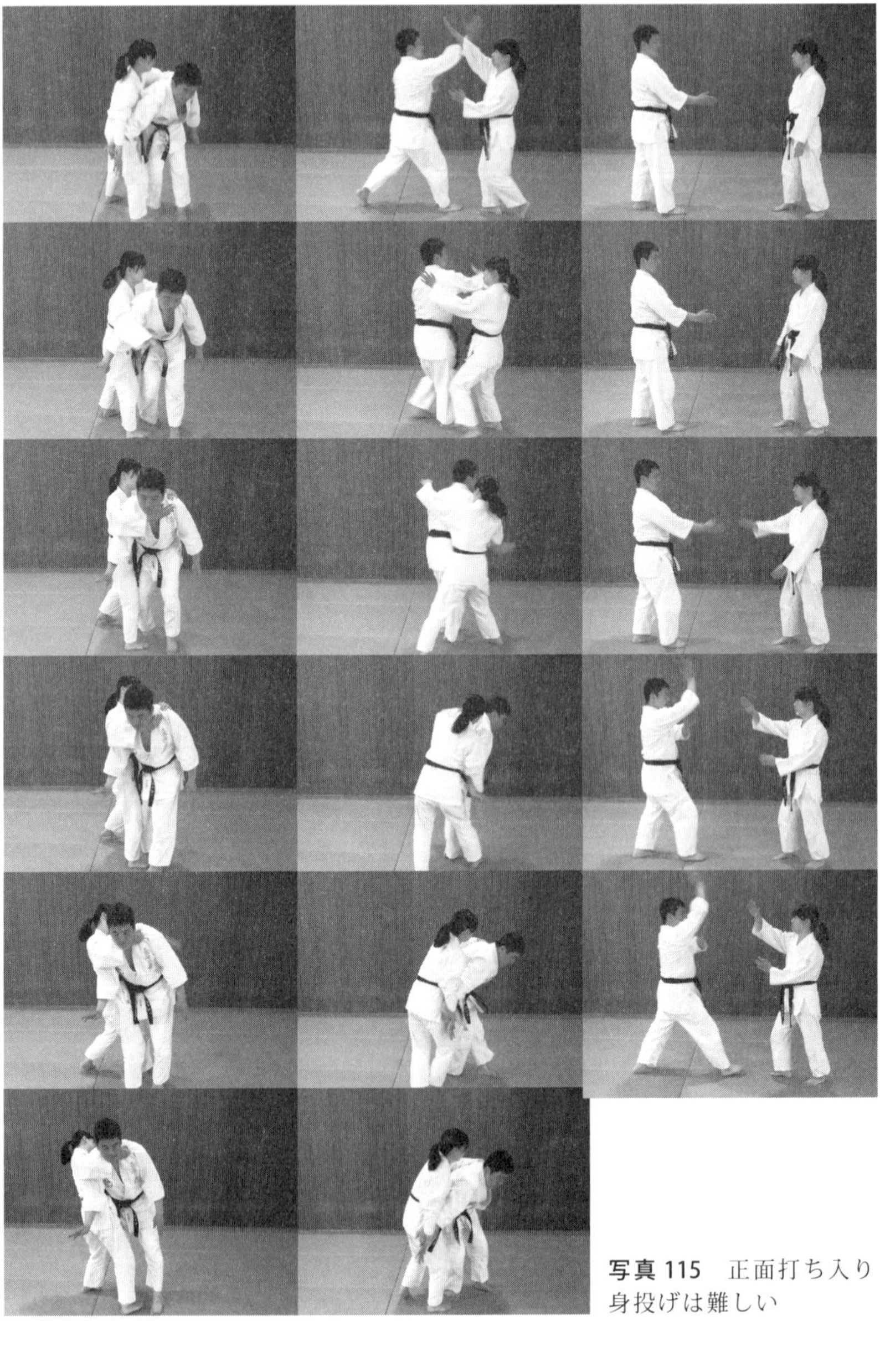

写真 115　正面打ち入り身投げは難しい

だが、そこに書かれたとおりの動きをしてみたところで、相手が「腰から大きく崩れて倒れる」ことはない（写真115）。それは合気道という武道がそもそも合気技法を用いてしか通用しない投げ技のみで構成されているからであり、合気の効果がなければ何の役にも立たないことになるからだ。つまり、合気を操ることができる達人のみが使うことができるということが、合気道の合気道たる所以といってもよい。

そこで、神伝合気を用いた「正面打ち入り身投げ」を実現するために、オペラやダンスの舞台演技による神伝合気の誘導技法を用いることにする。相手がこちらに向かって打ち込んでくる前に、既に自分自身が舞台に立っていて観客の前で演じているオペラの主人公になりきっていることが重要であり、その状態は技が決まった後も持続させておくことが肝要となる。その上で、

写真 116　舞による正面打ち入り身投げ

相手が打ち込んでくる動きに合わせてオペラの振り付けのようにオーバーアクションで入り身投げの動きをすれば神伝合気が自然に誘導され、相手は本当の合気道の（即ち神伝合気による）「入り身投げ」によって大きく崩れて倒されてしまう（写真116）。

もちろん、入り身投げをするときに神伝合気へと導いてくれる他のどの技法を用いてもよいことを示すために、回転運動による「無心」を利用する「片手捕り入り身投げ」を解説しておく。標準的な合気道の解説書（『合気道三年教本・全三巻』）による動きは次の如し。

写真116（つづき）

相手が右手でこちらの左手を捕りにくる場合、右手で相手の左手を上から巻き込むように払うと同時に、左手が相手の首に後ろから軽く触れるように時計回りに回転する。そこからさらに同じ時計回りに半回転ないしは一回転しながら左手で相手の首を自分のほうに引きつけると同時に右手を相手の顎に当てて真上に引き上げれば、相手は腰から崩れて倒れる。

この「片手捕り入り身投げ」も神伝合気があって初めて自在に操ることができる合気道の特徴的な投げ技であるため、ここに解説されている動きを文字どおり行ってみても効果はない（写真117）。

写真 117　片手捕り入り身投げは難しい

しかし、合気道の動き自体は容易に神伝合気を誘発できるように作られているので、ここでの動きの中にある「回転」の運動を「無心」の境地に近づけるためにより素速くしさえすれば、入り身投げを効果的に実現することができる（写真118）。

その二　呼吸投げ

合気道には「呼吸投げ」と呼ばれる、神伝合気の技法を用いなければ実際には成立しない一連の投げ技があ

写真 118　入り身転換での回転運動を活かした片手捕り入り身投げ

る。ここでは、自由落下による「無心」の境地で生まれる神伝合気で行う「正面打ち呼吸投げ」と、回転運動で得られる「無心」によって導かれる神伝合気を用いた「片手捕り呼吸投げ（隅落とし）」を取り上げておく。

まず「正面打ち呼吸投げ」だが、標準的な合気道の解説書（『合気道三年教本・全三巻』）による動きは次のようになる。

相手が右手でこちらの正面を打ってくるのに向かって小股で素速く前に出ながら相手の右手首下部分にこちらの同じ部分を当て、こちらの左掌を相手の右肘に下からあてがう。次に、相手の右肘を左手で軽く上に上げ、相手がそれに抗して右手をさらに押し込んでくる瞬間に踏み込んでいた右足を軸にして相手の懐で時計回りに上体を半回転すると同時に左手で下から上げていた相手の右肘と右手首を当てていた相手の右手首の両方を下に落としながら両膝を畳につける。これにより、相手の身体は完全に前に倒れ込む。

この「正面打ち呼吸投げ」もまた、神伝合気があって初めて自在に操ることができる合気道の特徴的な投げ技であるため、解説されているとおりの動きを行ってみても効果はない（写真119）。しかし、合気道の動き自体は容易に神伝合気を誘発できるように作られているので、ここでの動きの中にある「下に落としながら両膝を畳につける」という動作において「重力に身を任せて落下する」ことで得られる「無心」の境地で行いさえすれば、「正面打ち呼吸投げ」を効果的に実現することができる（写真120）。

写真 119　正面打ち
呼吸投げは難しい

写真 120　落下することで無心になる正面打ち呼吸投げ

次に「隅落とし」という別名で呼ばれることのほうが多い「片手捕り呼吸投げ」だが、その動きは標準的な合気道の解説書（『合気道三年教本・全三巻』）によれば次のようになる。

相手が右手でこちらの左手首を捕りにきたとき、こちらは左足を軸として時計回りに半回転しながら相手の動きをいなす。直後に右手で相手の顔面に当て身を入れながら左手を左前方に伸ばして相手の右腕を水平に伸ばし、右手を相手の右肘に上から当てて下に押し払うようにしながら相手の上体を崩して投げる。

写真 121　片手捕り呼吸投げは難しい

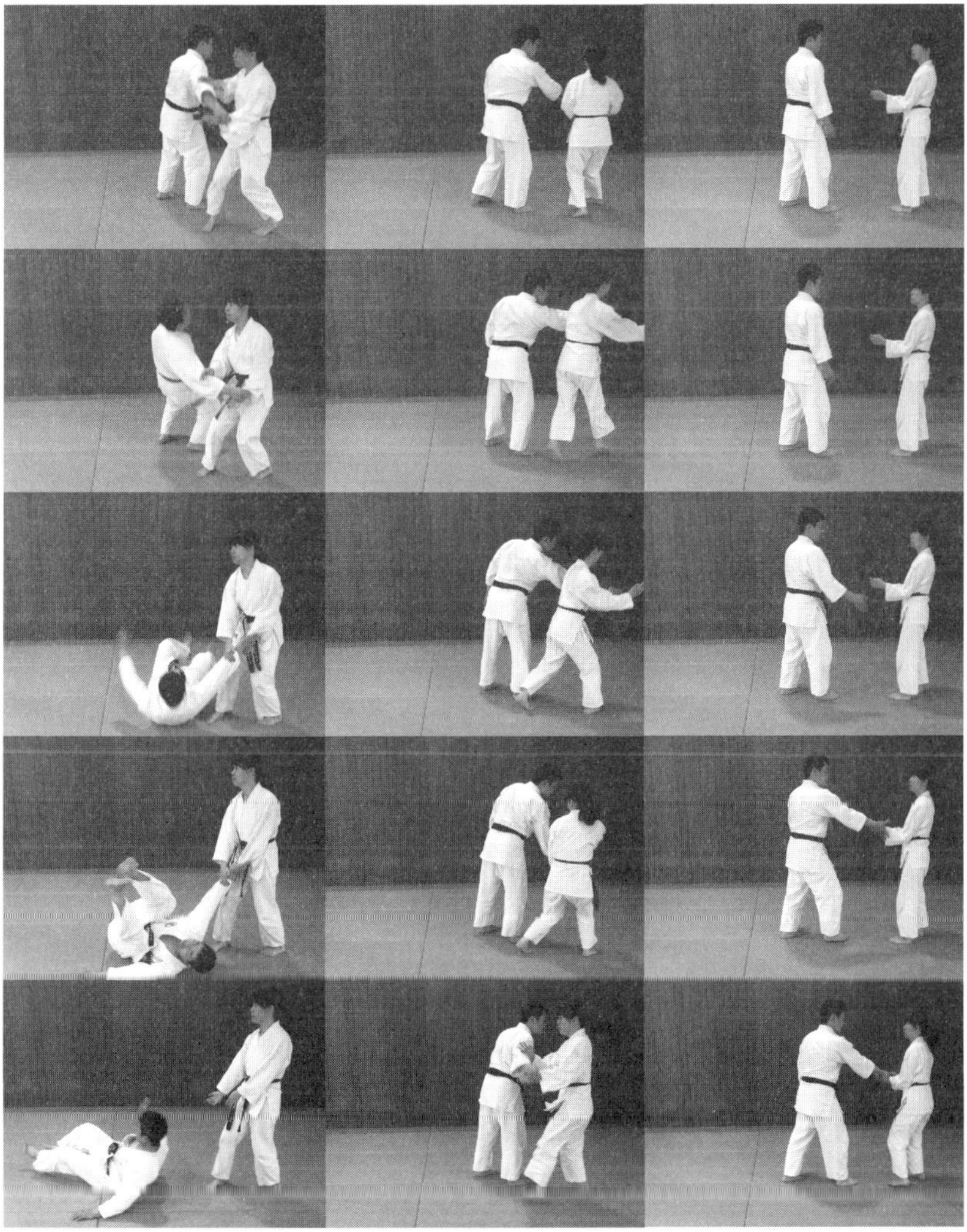

写真 122　入り身転換での回転運動を活かした片手捕り呼吸投げ

この「片手捕り呼吸投げ」も神伝合気がなければ実現することができない合気道の特徴的な投げ技であり、解説されている動きを行ってみてもやはり効果はない（写真121）。だが、容易に神伝合気を誘発できるように作られている合気道の動きになっていることは確かであり、実際に動きの中にある「回転」の運動を「無心」の境地に近づけるためにより素速くしさえすれば、入り身投げと同様に効果的に実現することができる（写真122）。

その三　亀起こし

昔から柔道の試合で時折使われることがあった防備技で、相手が技ありや有効でポイントを先に得ているときに、こちらが一本で逆転しようとする動きを完全に封じる目的で繰り出すものに「亀の防御姿勢」がある（写真123）。いったん相手にこの姿勢を取られると、投げ技を放つことも寝技に持ち込むことも封じられてしまうためポイント逆転が極めて難しくなる。

何らかの投げ技や寝技を打つためにはこの「亀の防御姿勢」からいったん起こす必要があるが、その技は「亀起こし」と呼ばれる。とはいえ、いったん安定な「亀の防御姿勢」を取った相手の腕や足、あるいは胴体に巻かれた帯などをつかんで相手の身体を裏返そうとしても相手は全力で抵抗してくるので力任せの「亀起こし」はうまくいかない（写真124）。

写真 123　亀の防御姿勢

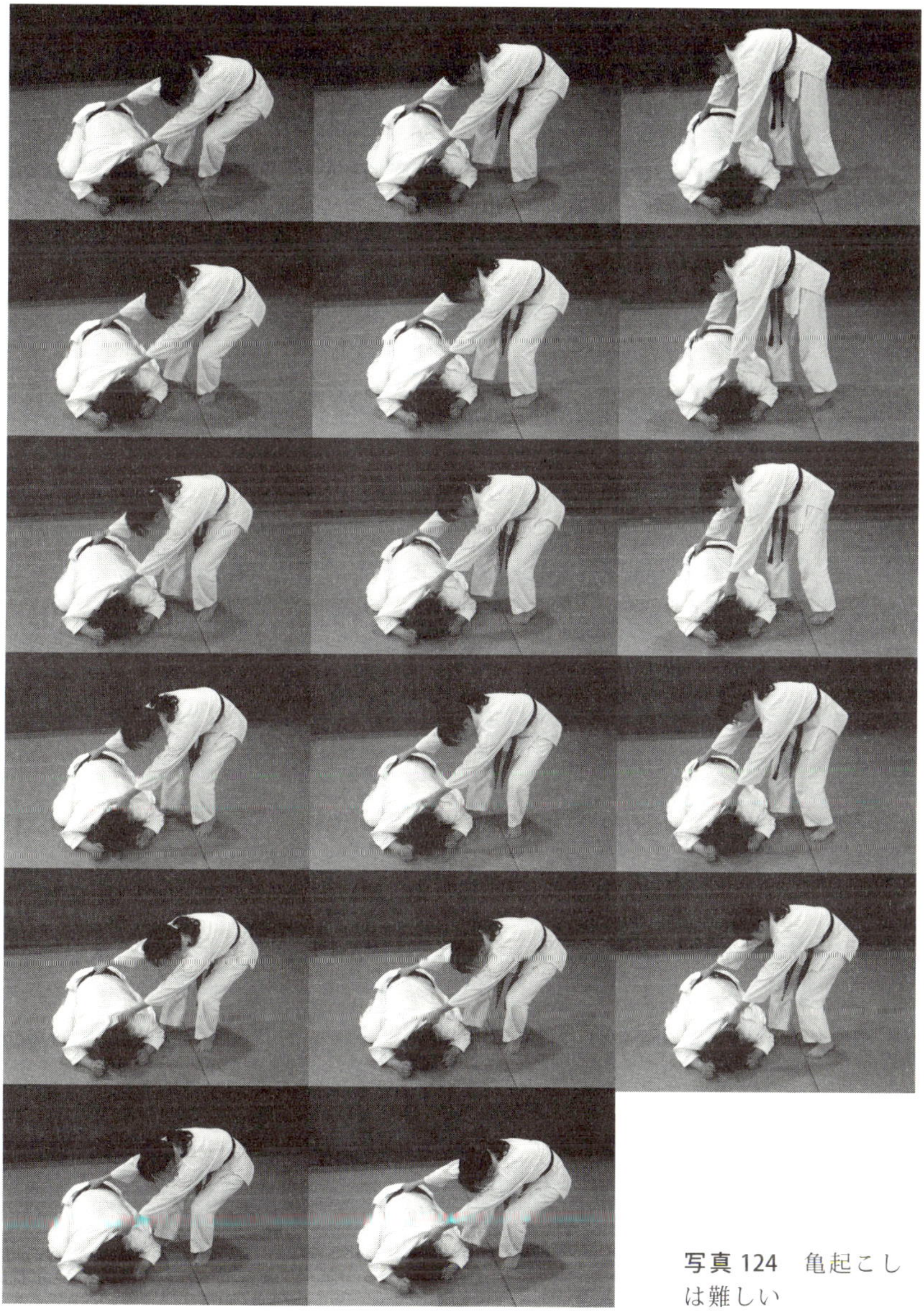

写真124　亀起こしは難しい

ところが、この難しい「亀起こし」であっても神伝合気を用いることで容易に実現することができるが、その神伝合気を得ること自体が難題となるため多くの柔道家にとっては絵に描いた餅となってしまう。そのため、ここでは神伝合気ではなくむしろ秘伝合気としての効果でしかないが、まずは誰にでもすぐにできる「オノマトペ」を利用した「亀起こし」を示しておく。それは、亀の防御姿勢を取っている相手の帯と片腕をつかんでおき、こちらも腰を入れて踏ん張った上で粘着テープを勢いよく剥がすときの「バリバリバリッ!!」というオノマトペを発しながら相手の帯と腕を引き上げるというものだ（写真125）。これにより、相手の身体を引き起こすことができる。

写真 125　オノマトペによる亀起こし

実際に効果があるとはいえ、本来は「神伝合気」で行うべき「亀起こし」を秘伝合気に近い「オノマトペ」で実現するだけでは本講の目的にはそぐわないことになる。そこで、「神伝合気」を誘導するための最も幽玄な技法と目される「生きとし生けるもののすべてを愛し慈しむ」ことで「神への全託」を実現する技法、即ち武道家が本来目指さなければならない技法による「合気亀起こし」を示しておく。

亀の防御姿勢を取っている相手を前にして、まずは相手の姿のみならず自分の周囲に広がる視界の中のすべての存在に対する心の底から湧き出る慈愛を感じ取ることができるまで愛し慈しむ（写真126）。自分を包む空間が慈愛に満ち溢れた雰囲気となったとき、相手の帯や片腕あるいは片足のどこにでも手をかけて慈愛の心を持ったままで相手の身体を引き起こせば、相手は簡単に裏返ってしまう（写真127）。

写真 126　生きとし生けるものすべてを愛する

写真 127　神伝合気による亀起こし

その四　新版合気上げ

正座する相手の両手を持って支えながらこちらがしっかりと踏ん張って立っているとき、こちらの両手を支えにして相手が相手の身体の筋力で立とうと意図しても正座の位置からでは難しい（写真128）。日頃から鍛えている人であれば数回は立ち上がることはできるかもしれないが、それを十回程度続けた段階で大腿部の筋肉疲労のためにその後は多くの人達と同じようにまったく立ち上がれなくなてしまう。

写真128　正座から膝を伸ばして立つことは難しい

しかし愛、即ち神への全託による神伝合気をこちらが使うならば、相手の肉体を宿す素領域構造である空間（神）が相手の身体が立ち上がるように変化するために簡単に立ち上がってしまう（写真129）。この現象を素領域理論に頼ることなくあえて形而上学的な表現に限定して説明するならば、次のようになる。

愛することで神への全託が実現されたとき、こちらの魂が肉体から解放されて相手の魂とつながるが、魂の作用は無意識レベルでの身体的な動きを誘導することになり、そこで使われる筋肉は不随意筋となる。そのため、相手が意識的に使える随意筋のみで全力で立ち上がろうとしても無理な状況であっても、こちらの魂とつながった相手の魂が相手の不随意筋でも立ち上がる動きをするために随意筋と不随意筋の両者で合わさった力を得て楽に立ち上がることができる。

それまで這い回ることしかできなかった赤ん坊が、母親に見護られて両足だけで初めて立ち上が

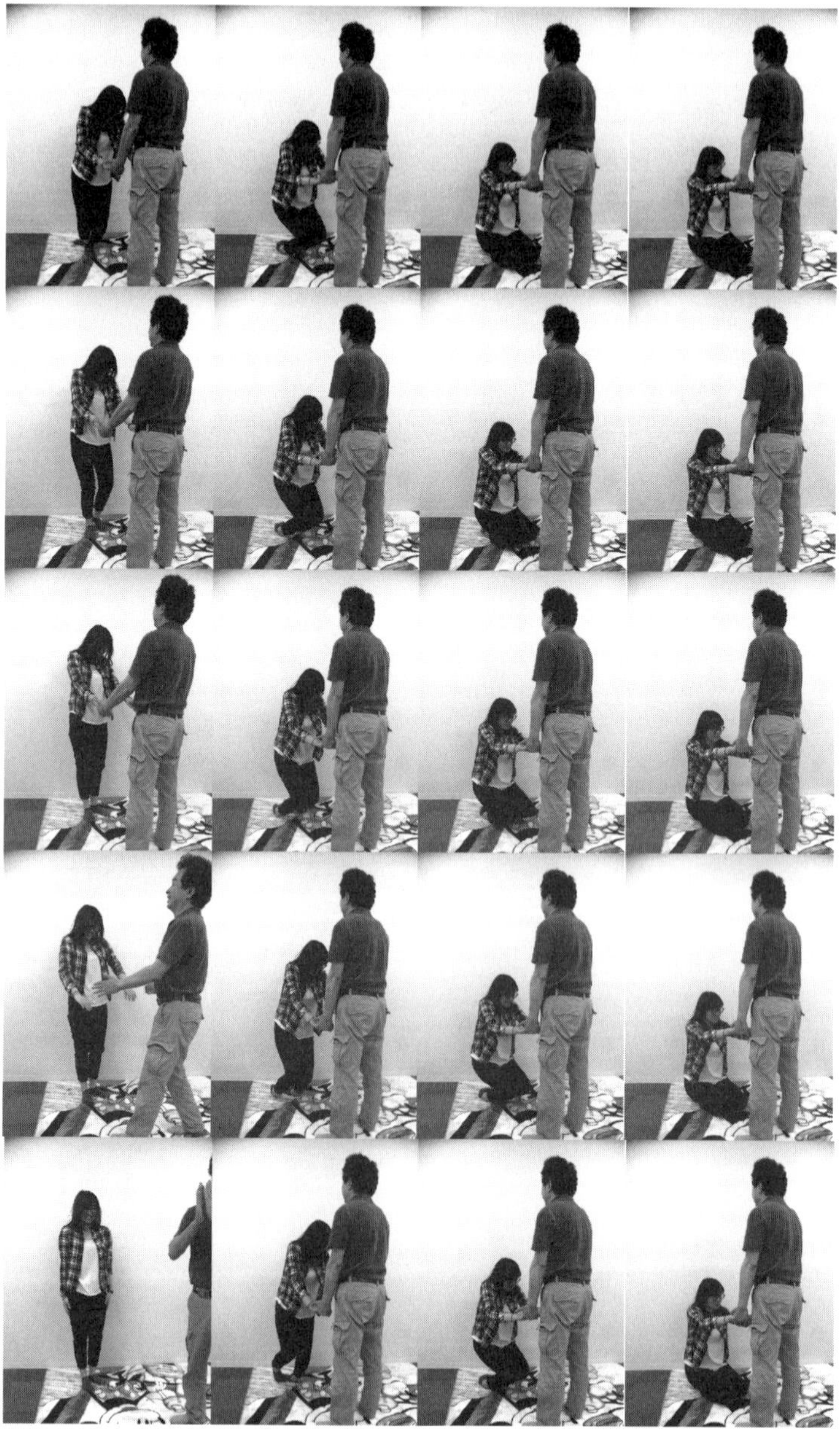

写真 129　新版合気上げ

る動作をする場合、母親の深い愛情があればあるほど魂がつながることで無意識で動く不随意筋を働かせることができるため、それまで赤ん坊が意識的に立ち上がることができなかったにもかかわらず見事に立ち上がることができる（写真130）。これもまた、「生きとし生けるものすべてを愛し慈しむ」ことで「神への全託」を実現する母親ならではの「神伝合気」の効果ではないだろうか。

写真 130　赤ん坊は愛を受けて立ち上がる

その五　合気上げ

起座した相手が正座したこちらの両手首を両手で全力で押さえ込んでいるとき、腕力では押さえ込んでくる相手の両手を上げることすらできない（写真131）。ところが愛、即ち神への全託による神伝合気をこちらが使うならば、相手の肉体を宿す素領域構造である相手の魂が相手の身体が立ち上がるように変化するために、相手を簡単に立ち上がらせることができる（写真132）。この技は古流柔術では「合気上げ」、合気道においては「座り呼吸法」と呼ばれていて、そこでは初伝合気から秘伝合気までの段階の合気が用いられてきたのだが、神伝合気を用いることでその効果は精妙の段階へと昇華していく。

写真 131　合気上げは極端に難しい

このように一見して神秘的に映る神伝合気による「合気上げ」だが、素領域理論によらずに通常の形而上学的な原理を解説すると次のようなものになる。相手が起座で体重をかけて両手首を押さえ込んでくるとき、こちらが生きとし生けるものすべてを愛し慈しむことで神への全託が実現されたならば、こちらの魂が身体から解放され相手の魂をも包み込む。これにより相手の身体を相手の

写真 132　神伝合気による合気上げ

無意識レベルでこちらの魂によって動かすことができるため、相手は意識レベルにおいては絶対に立ち上がらずこちらを押さえ込もうとしているにもかかわらず、無意識に立ち上がってしまうことになる。

その六　突き倒し――一インチ打ち

相手が腰を極めてドッシリと安定に構えているとき、わずか数センチ（一インチ程度）のところからこちらの拳を相手の身体に当てることでは、相手の身体を突き倒すことはとうていできない（写真133）。

写真133　一インチ打ちは難しい

ところが、「生きとし生けるものすべてを愛し慈しむ」ことで「神への全託」である愛による神伝合気を発動させるならば、相手の肉体を宿す素領域構造としての魂へ働きかけることができ、一インチしか離れていないところからこちらの拳や指先を軽く当てることで相手の身体をこちらが突き倒したかのように相手が後ろに倒れ込む動きをしてしまう（写真134）。これを「突き倒し」と呼ぶ。

写真134
神伝合気による
一インチ打ち

カンフー映画の寵児ブルース・リーはこの「突き倒し」を得意とし、「一インチ打ち」と呼んで、パーティーなどの席で興が乗ったときなどによく披露していたという。その他にも

「考えるな、感じろ!」

という名台詞を遺したことなどからして、ブルース・リーは初伝合気から奥伝合気までの身体操法だけでなく秘伝合気の精神技法、さらには神伝合気による形而上学的技法にも習熟していたのではないだろうか。

その七　合気自在

愛、即ち神への全託による神伝合気を用いるならば、相手が何人でどのように攻撃してこようとも自在に制することができる。これを「合気自在の境地」という。合気道では「多人数掛け自由技」と呼ばれ、創始者の植芝盛平翁だけでなく高弟で合気道養神館を興した塩田剛三館長についても記録映像が残っている。

もちろんこのような普通ではあり得ないような現象が生じるという事実から逆に判明することは、形而上学的素領域理論を持ち出すまでもなく神への全託によって空間に働きかけることで空間が味方についているからこそ「合気自在の境地」が具現するということだ。実際にか弱い女性が三

人の屈強な男性に囲まれたならば窮地を脱することは難しいが（写真135）、周囲の空間を味方につけることさえできれば不思議極まりないことだが状況が変わってしまい、結果として三人の男性が制せられてしまうことになる（写真136）。

写真 135
男性三人相手は難しい

その八　無抵抗合気

完全な愛、即ち神への完璧な全託が実現されたならば、こちらがまったくの無抵抗でいれば相手はこちらを攻撃できなくなってしまう。これを「無抵抗合気」と呼び、我々が常日頃から目指すべ

写真 136　三人掛け自由技

き合気の姿である。

とはいえ、はたして本当にそのようなことが可能となるのか大いに訝しがる向きも多いに違いない。相手から攻撃を受けたとき、実際に無抵抗を続けてみたのはよいが、相手の突きや蹴りで重傷を負ったという話は少なくないのだから。そんな常識が蔓延する中で、「生きとし生けるものすべてを愛し慈しむ」ことで「神への全託」が実現されたならば相手はこちらを攻撃できなくなるなどと主張することは、愚かの極みに映るに違いない。

だが、これは事実なのだ。

では、その口車に乗って無抵抗となったならば、相手の攻撃が必ず止まるかというと、そう簡単ではない。中途半端な気持ちで試したところで、ほとんどうまくいかない。何故なら、「無抵抗合気」が発現するためには「神への完璧な全託」が実現されるほどの完全な愛の実践が必要であり、そのためにはいざ攻撃を受けそうになったときに愛してみる程度の「愛」では付け焼き刃にしかならないからだ。

常日頃から「神への全託」のままに生き、ありのままで生きることが「生きとし生けるものすべてを愛し慈しむ」ことになっている人物でなければ「無抵抗合気」を身につけることはできない。だが、逆にそのような日々を送ることができるようになりさえすれば、誰もが「無抵抗合気」によって護られることになるのも事実。

では、実際にそのようにありのままで生きながら常に「無抵抗合気」で護られてきた人間がいるのかという疑問に答えておこう。むろん、キリストや釈迦などの話を出したところで、あるいはガンジーやマザーテレサといった歴史上の聖人に登場していただいたところで、多くの方々は「それは特別な話で、我々には関係ない」と思うに違いない。

そこで、この僕自身の近しい門人に実際に起こった事件についてのみ言及しておく。これについては担当した警察署に調書として記録が残されているため、内容の信憑性を担保することができる。

その門人は拙著『唯心論武道の誕生――野山道場異聞』（海鳴社）にも登場した山本忠司さんという七十歳近い男性で、著名な宗教団体の幹部をなさっている。そのことからも容易にわかるように、彼は人々の幸せと平穏をひたすら神仏に祈り、困っている人達を救うために人生のすべての時間を捧げている。人に対しても神に対してもまったく裏表のない清明な生き様を彼ほどに実践している人物に出会ったことはない。それほどまでに慈愛に満ち溢れた山本さんが窮地に陥ったときにこそ、神は必ずや天使の軍団に命じて救い出して下さるはず。それがかなわないのであれば、もはや誰もが神など微塵も信じないことになる……。

そんな現代に生きる聖人の身に、ある夜のことトンでもない災難が降りかかってくる。支部教会での執務が長引いたために、深夜になってから自家用車を運転して自宅を目指していたとき、見通しのよい交差点を青信号で右折していたタイミングで、不意に赤信号を無視した車がかなりのスピードで真横から突っ込んできたそうだ。急ブレーキをかけると運転席後方に当てられてしまうと考えた山本さんは、逆にアクセルを踏みながらハンドルを右に切って無謀運転の車をギリギリで振り切ることができた。衝突事故にならなかったことを神に感謝しながら引き続き運転していたとき、後ろから猛スピードで追いかけてきた車もちょうど自宅前に差し掛かったところで止まり、中から恰幅のよい中年男が何やらわめきながら降りてきて、山本さんの車の運転席のドアの前で立って「さっさと降りてこい！」と大声を上げる。

山本さんはこれは大変なことになったが、ご近所の皆さんに迷惑をかけてはいけないと思い、

「そんなに大声を出さなくてもお話しならできますから、少し落ち着いて下さい」

と穏やかに声をかけたのだが、相手はそんな落ち着き払った態度が逆にカンに障ったらしく、「何様のつもりか！」と運転席のドアを外から開けて山本さんを引きずり出そうと取っ手に手をかけてまさに引っ張ろうとした瞬間、ともかく外に出て面と向かって話を聞こうと思った山本さんは中からドアのロックを外してドアを軽く押し開けた。その見事なタイミングでドアが開いてしまったために、相手は全開されたドアで逆に自分の身体を大きくのけぞらせてしまい勝手に後ろに大きく転んでしまう。

いったい何が起きたのかさっぱりわからない相手は、何かの武術の技で自分が投げ倒されたと勘違いし、「クソ！、何かやってるな、このヤロー!!」と捨て台詞を投げかけながら立ち上がってきた。

そのため、相手は再び山本さんが投げ技を放ってくるかもしれないと警戒し、近づいてはこないで携帯電話で応援を呼ぶ。十分もしないうちに何台かの車に分乗したガラの悪そうな若者が二十人ほど集まり、中でもいちばん血の気の多い男が山本さんに勢いよく掴みかかろうとしたとき、自分の腰をさすりながらチンピラを呼びつけていた中年男が急に大声を上げた。

「気をつけろ、そいつは何かやってるからな！」

そう聞いたとたん、今にも飛びかかろうとしていた若い男達も急に身体が動かなくなり、山本さんを遠巻きに囲んだままで、誰も自分からは手を出そうとしない。

このままでは家の中で待っている家族も怖くて震え上がっているに違いないと思った山本さんは、チンピラを呼びつけた中年男に向かって「家の中で心配している者がいるので、いったん家に入って心配するなと声をかけてから再び出てくるので、少し待ってくれ」と話しかけた。相手はまるで催眠術にでもかかったかのように、どもりながら「よ、よし、行ってこい」と返事をしたという。

こうして家の中に入ってみると、玄関口では奥さんが「さっき警察に電話しましたからもうすぐ来てくれるのではないでしょうか」と伝えてくれたそうだ。ともかく、神様を信じて中で待っているようにと言い残して出てきた山本さんが再び中年男に向かって近づいていこうとしたとき、相手は投げ飛ばされるのではないかと心配して後ずさっていく。親分格の男がそれでは、周囲を取り囲んでいるチンピラ連中も気勢が上がらず、結局遠巻きに睨みつけているのが精一杯のようだった。

ちょうどそのとき、どこからともなく二十名以上の警察官が現れ、そのチンピラ連中を全員連行していってくれた。後日警察署で話を聞いたところ、連中はいわゆる当たり屋で故意に車をぶつけては慰謝料と称して金品を巻き上げることをしていた札付きグループだった。そんな連中を相手に、山本忠司さんはまったくの無抵抗であったにもかかわらず全員が山本さんに危害を加えることもできず、最後には法律によって裁かれることになったわけで、まさに「無抵抗合気」の真骨頂を見せてくれたといえる。

もちろん、このような不可思議な「無抵抗合気」の現象がいつでも誰にでも生じるのかというと、そうではない。常日頃から人と共に、自然と共に、そして神の愛と共に清明に生きている場合にのみ可能となることを、我々は肝に銘じておかなくてはならないだろう。それがまさに「人の道」であり、「合気の道」であり、「武の道」なのだから。

完結

著者：保江　邦夫（やすえ　くにお）

岡山県生まれ．

東北大学で天文学を，京都大学と名古屋大学で数理物理学を学ぶ．

スイス・ジュネーブ大学理論物理学科講師，東芝総合研究所研究員を経て，現在ノートルダム清心女子大学大学院人間複合科学専攻教授．専門学校禅林学園講師．

大東流合気武術佐川幸義宗範門人．

著書は『数理物理学方法序説（全８巻＋別巻）』（日本評論社），『武道の達人』『量子力学と最適制御理論』『脳と刀』『合気眞髄』（以上，海鳴社），『魂のかけら』（佐川邦夫＝ペンネーム，春風社）など多数．

カトリック隠遁者エスタニスラウ師から受け継いだキリストの活人術を冠光寺眞法と名づけ，それに基づく柔術護身技法を岡山，東京，神戸，名古屋で指南している（連絡先 / kkj@smilelifting.com）．

合気の秘訣（あいきのひけつ）
2015 年 7 月 27 日　第 1 刷発行

発行所：㈱海 鳴 社
http://www.kaimeisha.com/
〒 101-0065　東京都千代田区西神田２－４－６
E メール：kaimei@d8.dion.ne.jp
Tel.：03-3262-1967　Fax：03-3234-3643

発 行 人：辻　信行
組　　版：海 鳴 社
印刷・製本：シナノ印刷

出版社コード：1097
ISBN 978-4-87525-318-1